Adam Ramsey

Vom Kopf ins Herz und umgekehrt

Wie die Wahrheit über Gott Ihr Leben verändert

ADAM RAMSEY

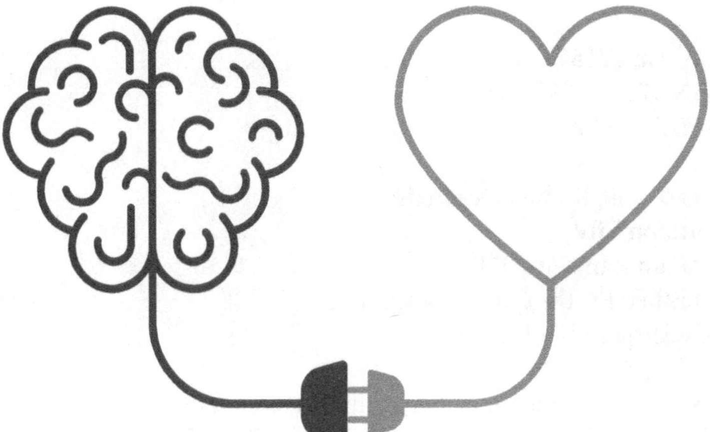

Vom KOPF ins HERZ und UMGEKEHRT

Wie die Wahrheit über Gott
Ihr Leben verändert

Adam Ramsey
Vom Kopf ins Herz und umgekehrt
Wie die Wahrheit über Gott Ihr Leben verändert

Best.-Nr. 271632
ISBN 978-3-86353-632-9
Christliche Verlagsgesellschaft Dillenburg

Titel des englischen Originals:
Truth on Fire

Published by The Good Book Company
www.thegoodbook.co.uk

1. Auflage

www.cv-dillenburg.de

Satz und Umschlaggestaltung:
Christliche Verlagsgesellschaft Dillenburg
Umschlagmotiv: © Shutterstock.com/hvostik

Druck: GGP Media GmbH, Pößneck
Printed in Germany

Wenn Sie Rechtschreib- oder Zeichensetzungsfehler entdeckt haben, können Sie uns gerne kontaktieren: info@cv-dillenburg.de

Inhalt

Vorwort 9

Einführung: Den Ofen bauen, die Flamme entzünden . . 13

1. Gott ist anders: Die Erfahrung des Staunens 23

2. Gott ist souverän: Die Erfahrung der Gewissheit . . . 37

3. Gott ist unübertroffen:
Die Erfahrung, Schwäche anzunehmen 51

4. Gott ist nie weit weg: Die Erfahrung des Mutes 64

5. Gott ist allheilig und allwissend:
Die Erfahrung der Ehrlichkeit 79

6. Gott ist gut: Die Erfahrung des Vertrauens im Leid . . 93

7. Gott ist Liebe:
Die Erfahrung von Schönheit in Beziehungen 107

8. Gott kommt nie zu spät: Die Erfahrung der Geduld . . 120

9. Gott ist barmherzig: Die Erfahrung der Sanftmut . . . 135

10. Gott ist gerecht:
Die Erfahrung der prophetischen Fürsprache 148

11. Gott ist glücklich: Die Erfahrung der Begeisterung . . 164

12. Gott ist siegreich: Die Erfahrung der Hoffnung 175

Schlussfolgerung: Reformation und Wiederbelebung . . . 188

Danksagung 192

Quellenangaben 194

Für die *Liberti Church:* Jesus ist mit uns.
Schritt für Schritt gehen wir voran.

Stimmen zum Buch

„Adam Ramsey glaubt, dass die Art und Weise, wie wir über Gott denken, Einfluss darauf haben sollte, wie wir ihn erleben. Dem stimme ich von ganzem Herzen zu. Dieses außergewöhnliche Buch ist ein Andachtsbuch im reinsten Sinne, eine Einladung, den Gott des Universums nicht nur besser kennenzulernen, sondern von diesem Wissen überwältigt zu werden. *Vom Kopf ins Herz und umgekehrt* zwingt uns dazu, unsere Herzen zu neigen und die Ehrfurcht zu erleben und widerzuspiegeln, die der Anblick Gottes mit sich bringt. Lesen Sie es, um zu denken, und lesen Sie es, um zu fühlen! Das Buch ist ein Fest für Kopf und Herz."

Jen Wilkin, Autorin, *None Like Him, In His Image* und *Ten Words to Live By*

„Kopf vs. Herz. Gefühle vs. Fakten. Verstand vs. Emotion. Lehre vs. Spaß. Wahrheit vs. Zuneigung. Wäre es nicht wunderbar, wenn wir das ‚vs.' durch ein ‚und' ersetzen könnten? In diesem Buch hat Adam Ramsey genau das getan. *Vom Kopf ins Herz und umgekehrt* ist eine hervorragende Verteidigung der absoluten Notwendigkeit eines Sowohl-als-Auch, wenn es um unser Wissen und unsere Erfahrung mit Gott geht. Sie müssen nicht in der Angst leben, dass theologische Tiefe den Geist auslöscht oder dass Herzensleidenschaft Sie in der Lehre verweichlicht. Kaufen Sie sich dieses Buch und lassen Sie sich von Adam zeigen, warum. Äußerst empfehlenswert!"

Sam Storms, Ph. D, Pastor in der *Bridgeway Church,* Oklahoma City

„Wir sollten niemals zwischen theologischer Sorgfalt und geistlicher Realität wählen müssen, aber in so vielen Gemeinden scheinen dies die einzigen Alternativen zu sein. Adam Ramsey zeigt uns, wie falsch diese Wahl ist, und lädt uns stattdessen zu einer theologisch robusten, geistlich lebensspendenden und vor allem aufregenden Vision des christlichen Lebens ein. Das haben wir dringend nötig, deshalb bin ich sehr dankbar für dieses Buch und hoffe, dass es unzählige Gemeinden und einzelne Christen anspornen wird, mit ganzem Herzen und ganzem Verstand für Gott zu leben."

Sam Allberry, Pastor; Apologet; Autor von *Ist Gott homophob?*, *Gute Nachrichten für unseren Körper* und *Sieben Mythen über das Single-Sein*

„Adam Ramseys *Vom Kopf ins Herz und umgekehrt* spricht Kopf und Herz an. Am Ende kannte ich mich wie ein erfahrener Theologe mit den wunderbaren Wahrheiten über Gott aus und erlebte gleichzeitig meine erste Liebe zu diesem Gott wieder ganz neu."

Sam Chan, *City Bible Forum,* Australien; Autor von *Evangelism in a Skeptical World and How to Talk About Jesus (Without Becoming That Guy)*

Vorwort

von Ray Ortlund

Was uns zu einem wahrhaft christlichen Leben antreibt, sind nicht gute Absichten, sondern wahre Überzeugungen. Gute Absichten sind hilfreich, aber sie kommen und gehen. Wer von uns ist nicht schwach und wankelmütig? Aber je tiefer unsere Überzeugungen – insbesondere die über Gott – sind, umso mehr bereiten sie den Boden für positive Veränderungen. Deshalb ist es so wichtig, tiefgehende Fragen über Gott zu stellen und über die weisen Antworten der Bibel nachzudenken – das ist eine Kraft, die weit über unsere eigene Schwäche hinausgeht! So werden durch Gottes Gnade fehlbare Menschen wie wir zum lebendigen Beweis dafür, dass Gott da ist, dass er real und wunderschön ist.

Dieses neue Buch von Adam Ramsey wird uns allen zu mehr Klarheit in unserem Glauben an Gott und daran, was er bewirken kann, verhelfen. Deshalb schätze und begrüße ich dieses Buch.

Die Vorgeschichte meiner Dankbarkeit beginnt im Jahr 1974. Damals hörte ich Dr. Francis Schaeffer auf dem Internationalen Kongress für Weltevangelisation in Lausanne in der Schweiz sprechen. Ich habe nie vergessen, was er an diesem Tag zu uns sagte.

Schaeffer stellte die Frage: Was ist die Aufgabe der Christen in der heutigen Welt? Und seine Antwort lautete nicht Evangelisation. Die ist natürlich wichtig. Aber als alleinige Anstrengung kann sie wie ein vorab aufgezeichnetes Verkaufsgespräch wirken. Unsere Aufgabe in der Welt von heute erfordert eine größere, umfassendere, menschlichere Gesamtwirklichkeit – Christen, die sich gemeinsam klar zu dem bekennen, was wir glauben, und die sich auf wunderbare Weise dadurch auszeichnen, wie wir unseren Glauben verkörpern. Dann kann etwas Gewaltiges geschehen.

Wie also können wir Christen und unsere Gemeinden anziehend für unsere Generation werden? Schaeffer nannte zwei Inhalte und zwei Realitäten. Die beiden Inhalte sind eine solide Lehre und ehrliche Antworten auf ehrliche Fragen. Die beiden Realitäten sind wahre Geistlichkeit und die Schönheit menschlicher Beziehungen. Wenn wir etwas sagen, das das Zuhören lohnt, und etwas zeigen, das das Hinschauen wert ist, werden wir zu einer prophetischen Präsenz in der heutigen Welt.

Was wir nicht brauchen, ist cool, beeindruckend, aalglatt und stolz zu sein. Was wir brauchen, ist Wahrheit, Ehrlichkeit, Realität und Schönheit. Das ist es, wofür Schaeffer plädierte. Und sein Rat hat mich all die Jahre geprägt und geleitet.

Und dann kommt zu meiner hellen Freude Pastor Adam Ramsey von der *Liberti Church* in Australien daher. Als älterer Pastor bin ich immer auf der Suche nach jüngeren Pastoren, die es kapiert haben. Ich suche betend nach Männern, die verstehen, was sie tun, die gut sind in dem, was sie tun, dabei aber leeren „Erfolg" durchschauen; Pastoren, die sich danach sehnen zu sehen, was nur Gott tun kann, und die bereit sind, in seiner Wahrheit und auf seinen Wegen zu wandeln. So ein Pastor ist Adam. Ihm liegt sehr am Herzen, was wir über Gott glauben und wie dieser Glaube etwas von Gottes eigener Herrlichkeit auf uns übertragen kann.

Adam weiß, wie großartig es ist, wenn die Größe Gottes uns im Innersten erreicht. Wenn eine wahre Vision von Gott unser

Herz ergreift, geschieht etwas Wunderbares. Gott selbst besucht uns auf dieser tiefen Ebene. Wenn das geschieht – wer braucht dann noch ein einstudiertes, aufgezeichnetes Verkaufsgespräch über Jesus? Der Lebendige ist dann unverkennbar in uns zu sehen! Adam ist gut darin, Christus auf diese Weise zu offenbaren. Er bittet uns lediglich darum, uns einzugestehen, dass wir nicht gut darin sind, Jesus zu präsentieren. Zur Abwechslung sollten wir lieber einmal unseren Blick fest auf ihn heften und im Herzen staunen. Adams Buch *Vom Kopf ins Herz und umgekehrt* wird uns allen dabei helfen, genau das zu tun.

Adam, ich danke dir, dass du dieses Buch geschrieben hast. Es ist eine Antwort auf viele Gebete und Sehnsüchte. Möge Gott nun seine Hand über dieses Buch und auf jeden, der es liest, halten, uns beleben und verändern, zu seiner Ehre und zu unserer Freude!

RAY ORTLUND *Renewal Ministries Nashville,* Tennessee

Einführung

Den Ofen bauen, die Flamme entzünden

„Der Sinn der Theologie liegt im Lobpreis.
Wir lernen, um zu loben.“
J. I. Packer

Ich möchte, dass die Wahrheit, an die ich glaube, in meinem Leben Feuer fängt. Ich nehme an, Sie wollen das auch.

Und ich vermute auch, dass Sie sich möglicherweise nicht an diesem Punkt befinden, wenn Sie dieses Buch aufschlagen. Vielleicht spüren Sie eine Diskrepanz zwischen dem, was Sie über Gott denken, und dem, was Sie mit ihm erleben? Eine Kluft zwischen dem Leben aus dem Verstand und dem Leben aus dem Herzen?

Vielleicht gehören Sie zu einer Gemeinde, die Wert auf eine solide Bibellehre und ein vom Verstand kontrolliertes Leben legt. Sie haben eine Reihe wunderbarer Bibelkreise erlebt und vielleicht sogar mit Freunden über systematische Theologie diskutiert, aber Sie haben das nagende Gefühl, dass da etwas fehlt. Die Lehre ist doch fundiert und solide, warum fühlt sich Ihr Christsein dann so ausgedörrt an? Sie können biblische Antworten formulieren und lieben deren Wahrheit. Aber die Wahrheit ist wie das Foto eines Vaters, der weit weg lebt, obwohl Sie sich eigentlich nach seiner Umarmung sehnen. Tief in Ihrem Inneren wünschen Sie sich, dass Sie den Gott, über den Sie so viel gelernt haben, noch intensiver erleben. Ist es falsch, mehr zu wollen?

Oder vielleicht sind Sie in einer Gemeinde beheimatet, in der Gotteserfahrungen und ein vom Herzen kontrolliertes Leben im Vordergrund stehen. Sie sind an den meisten Sonntagen anwesend und in ein, zwei Diensten aktiv, bei denen Sie Gottes Gegenwart wirklich spüren. Aber manchmal sind Sie sich nicht sicher, ob Sie ein biblisches Grundgerüst haben, das Ihre sehr reale Liebe zu Christus unterstützt. Sie haben das Gefühl, dass Sie den Gott, den Sie lieben, ein bisschen besser, ein bisschen mehr kennen sollten. Ist es falsch, mehr zu wollen?

Die einfache Antwort auf diese Frage lautet: Nein. Eine der großen Tragödien der heutigen Generation von Christen ist die Scheidung zwischen theologischem und erfahrungsorientiertem Christentum. Auf der einen Seite gibt es Gemeinden, die sich der theologischen Genauigkeit verschrieben haben, das Wort Gottes kennen und Taufe und Abendmahl hochhalten. Diese Gruppe ist im Allgemeinen bekannt für auslegende Predigten, systematische Theologie und längst verstorbene Glaubensväter, die eine Menge Bücher geschrieben haben. Wir nennen diese Gruppe „Die Denker“. Auf der anderen Seite stehen Gemeinden, die sich dafür einsetzen, Gotteserfahrungen zu kultivieren, den Heiligen Geist in persönlicher Gemeinschaft zu erfahren und durch herzliche gemeinsame Gottesdienste unser Gefühl anzusprechen. Dieses Team verehrt Leidenschaft, kulturelle Relevanz und alles, was den pragmatischen Test besteht: „Es funktioniert.“ Wir nennen dieses Team „Die Fühler“. Die Denker sehen die Fühler oft als gedankenlos, und die Fühler halten die Denker für leblos. Und meistens haben beide völlig recht.

Was wäre, wenn wir uns nicht zwischen einem intelligenten und einem leidenschaftlichen Glauben entscheiden müssten? Schließlich ist ein scharfer Verstand mit einem kalten Herzen ein ebenso großer Fehlschlag wie ein Herz, das radikal für Unsinn brennt. Das Leben des Verstandes und das Leben des Herzens sollten eigentlich nicht miteinander versöhnt werden müssen, denn sie waren schon immer dazu bestimmt, Freunde zu sein. Gott will, dass wir einen christlichen Glauben pflegen, der sich radikal für theologische Klarheit einsetzt, und zwar so, dass das Leben des Herzens nicht geschmälert, sondern sogar gestärkt wird. Dabei wird Ihnen dieses Buch helfen.

MEINE GESCHICHTE: DEKONSTRUKTION, REKONSTRUKTION

Ich bin in erlebnisorientierten Gemeinden aufgewachsen, die alle von Lachen, Unbeschwertheit und einem Gefühl der Lebendigkeit durchdrungen waren. Unsere wöchentlichen Gottesdienste waren immer positiv und aufbauend. Wir hatten spät in der Nacht und früh am Morgen Gebetstreffen, bei denen die besonders Engagierten unter uns zusammenkamen, um eine tiefere Erfahrung mit Gott zu machen. Evangelisation hatte eine hohe Priorität. Veranstaltungen waren gut organisiert. Und die gemeinsame Anbetung hatte oft eine starke emotionale Wirkung.

Aber je älter ich wurde, desto mehr fiel mir etwas auf: Die Bibel war zwar präsent, aber nicht zentral. Wichtige Lehren wurden aktiv vermieden. Im besten Fall wurde das Evangelium manchmal am Ende einer Predigt angesprochen, aber es hatte keine wirklichen Auswirkungen auf das tägliche christliche Leben. Unsere Emotionen wurden angerührt, aber unser Verstand wurde vernachlässigt aus Angst, wir könnten uns der großen Sünde der „Langeweile“ schuldig machen. Die Menschen wurden sonntags unterhalten, aber nicht in die Lage versetzt, gut mit Leid oder Enttäuschungen umzugehen, weil sie ein Gottesbild hatten, das nicht mit der Realität übereinstimmte. Und immer, wenn eine Gemeinde eine hohe Meinung von sich selbst und eine niedrige Meinung von Gott hat, wird sie zu einer Brutstätte der Heuchelei. Ich habe das nirgendwo besser gesehen als im Spiegel.

Ich begann, mit der Heiligen Schrift zu ringen, insbesondere mit den Teilen, über die ich noch nie eine Predigt gehört hatte. Worte wie *Souveränität* und *Erwählung, Sühne* und *Vorsehung* waren wie Wegweiser in einem neuen Land, das ich unbedingt erkunden wollte. Ich beschloss, alle meine Karten auf den Tisch zu legen – alles, was ich über Gott zu wissen glaubte – und alles durch den Filter der Bibel zu drücken, um zu sehen, was auf der anderen Seite herauskommen würde. Ich schlug Gottes Wort mit neuem Appetit auf. Ich las die Gemeindeväter aus dem 4. und 5. Jahrhundert (wie Athanasius und Augustinus), die Reformatoren aus dem 16. Jahrhundert (wie Martin Luther und Johannes Calvin) und die Puritaner aus dem 17. und 18. Jahrhundert. Ich ließ mich sogar auf eine epische Schlacht von Argumenten und Gegenargumenten in den Büchern und Online-Predigten des Predigers John Piper (21. Jahrhundert) ein – wovon er natürlich nichts ahnte; trotzdem schaffte er es, diese Schlacht zu gewinnen. Und so geschah Folgendes: Als mein geistiges Bild von Gott immer umfassender wurde, entdeckte ich, dass auch mein Wunsch nach Heiligkeit, meine Dankbarkeit für die Gnade, meine Freude am Gottesdienst und meine Kühnheit in der Mission zunahmen.

Aber während meiner persönlichen theologischen Reformation wuchs auch noch etwas anderes – ein geistiges Unkraut, das unauffällig neben der Frucht keimte: Stolz. Eine intellektuelle Unverfrorenheit, die sich daran erfreute, einfach recht zu haben.

Jetzt, da ich mehr über die biblischen Fakten wusste, wurde es viel zu leicht, mich mit einem genaueren Verständnis von Gott zu begnügen – auf Kosten einer von Freude durchdrungenen, von Augenblick zu Augenblick währenden Gemeinschaft mit Gott. Glücklicherweise machten mich meine Frau und mein Pastor darauf aufmerksam, als diese Haltung noch in den Kinderschuhen steckte. „Die Erkenntnis bläht auf, die Liebe aber erbaut", sagte der Apostel Paulus (1. Korinther 8,1). Durch Gottes Gnade lernte ich den ersten Teil dieses Verses schon zu Beginn meiner theologischen Entdeckungen, auch wenn es noch viele Jahre dauern sollte, bis der zweite Teil in meinem Leben deutlicher wurde.

Einige Jahre vergingen, und unsere Familie zog von Australien nach Seattle um, als ich gebeten wurde, in einer Gemeinde namens *Mars Hill* junge Menschen die Bibel zu lehren. Zu diesem Zeitpunkt galt sie als eine der am schnellsten wachsenden Gemeinden in den Vereinigten Staaten und wurde von einem der damals bekanntesten Prediger der Welt geleitet. Die Inhalte waren biblisch, gehaltvoll und fundiert, und jedes Jahr ließen sich Tausende taufen. Doch noch bevor uns die vielen anderen Probleme in *Mars Hill* offensichtlich wurden, die schließlich zum Zusammenbruch führten, waren einige der ersten Fragen, die meine Frau und ich über unsere neue theologische Heimat stellten, folgende: *Warum fehlt in unseren Gottesdiensten die Freude? Warum haben die Gebete nicht mehr Inbrunst als ein Jazz-Radiomoderator, der die Spätschicht übernimmt? Wie kommt es, dass so viele Menschen zwar biblische Theologie artikulieren können, aber gleichzeitig jede Art von bedeutender Vertrautheit mit dem Gott vermissen lassen, auf den ihre Theologie verweist?*

Theologie für Kopf und Herz

In der ersten Hälfte meines christlichen Lebens wurden zwar meine Gefühle angesprochen, nicht aber mein Verstand. In der zweiten Hälfte war mein Verstand beschäftigt, nicht aber meine Gefühle. Nachdem ich Zeit in beiden Lagern verbracht hatte, wurde ich dieser Unterscheidung überdrüssig. Ich wollte beides. Ich wollte die Wahrheit nicht nur für den Kopf, sondern auch fürs Herz.

Und das ist genau das, was Gott für mich und auch für Sie will. Hat Jesus nicht gesagt, das wichtigste Gebot im ganzen Universum sei, dass wir eine Liebe zu Gott entwickeln, die unser ganzes Herz und unseren ganzen Verstand umfasst (Markus 12,28-30)?

Warum geben wir uns dann so oft mit dem einen oder dem anderen zufrieden? Ganz einfach: Wir haben Angst.

Einige von uns haben Angst vor einem theologisch robusten christlichen Glauben, der nur unseren Verstand anspricht, weil wir die kalte Lieblosigkeit derer erlebt haben, die lieber argumentieren als anzubeten und lieber streiten als sich zu begeistern. Natürlich schrecken wir vor denen zurück, die die Theologie zu einer Waffe machen. Christen, die zwar die Lehren der Gnade formulieren können, dabei aber selbst kein bisschen gnädig sind – die die Rechtfertigungslehre in allen Details verstehen, aber ein Leben ohne Freude führen –, sind im besten Fall verwirrend. Im schlimmsten Fall können sie ihren Brüdern und Schwestern in Christus großen Schaden zufügen.

Andere von uns haben Angst vor einem erfahrungsorientierten christlichen Glauben, der nur die Emotionen anspricht, weil wir den Schaden gesehen haben, der entsteht, wenn geistliche Erfahrung von biblischer Bildung getrennt wird. Wir haben genug von einem aufgeblasenen Talkshow-Christentum, das so authentisch wirkt wie das aufgezeichnete Gelächter in einer 90er-Jahre-Sitcom. Wir haben gesehen, wie inhaltsleer es ist, wenn wir die Anbetungszeit anbeten und Glauben an den Glauben haben. Wir wollen die Wahrheit, das Echte, die Realität Gottes, wie er sich durch sein Wort offenbart hat.

Es ist an der Zeit, unsere Ängste hinter uns zu lassen und zu erkennen, wie wir beides haben können – statt uns zwischen Denken und Erfahrungen entscheiden zu müssen. Wenn das richtige Denken der Ofen ist, dann ist die richtige Erfahrung die Flamme. Wir brauchen beides. Ohne Ofen laufen unsere geistlichen Erfahrungen Amok und lassen viele Brandopfer zurück. Ohne Flamme wird unsere großartige Theologie zu einer netten Dekoration herabgewürdigt, die sinnlos und leblos in der Ecke unseres Lebens steht. Wir können uns also nicht mit dem einen ohne das andere zufriedengeben. Der Prediger Antonius von Padua aus dem 13. Jahrhundert, der mit der theologischen Unterweisung der Anhänger von Franz von Assisi betraut war, begann jeden seiner Lehrstunden mit dem Satz: „Welchen Wert hat das Lernen, das nicht zur Liebe wird?“[1] Unser Ziel muss immer beides sein.

In einer der berühmtesten Szenen der beliebten Fernsehserie *Friday Night Lights* feuert Coach Taylor sein Highschool-Footballteam mit einem Spruch an, der zum Kultmotto der Serie wurde: „Klare Augen, erfüllte Herzen, wir können nicht verlieren.“ Beschreibt dies nicht die Art von christlichem Glauben, nach der wir uns tief im Innersten alle sehnen? Ist dieses Sowohl-als-Auch von Kopf und Herz nicht genau das, wofür Paulus betet, wenn er aus einer Gefängniszelle schreibt: „Und um dieses bete ich, dass eure *Liebe* noch mehr und mehr überreich werde in *Erkenntnis* und aller Einsicht" (Philipper 1,9)? Sagt Petrus nicht das Gleiche? „Endlich aber seid alle ... barmherzig, demütig" (1. Petrus 3,8). Wenn das das normale Christsein ist, warum sollten wir uns dann mit weniger zufrieden geben? Hier kommt eine gute Nachricht: Wir müssen uns nicht zwischen theologischer Präzision und glühender Leidenschaft entscheiden. Gott möchte, dass wir sowohl tote Orthodoxie als auch leidenschaftliche Unwissenheit ablehnen.

Klare Augen. Erfülltes Herz. Wir können nicht verlieren.

Richtiges Denken. Richtiges Fühlen. Dafür sind wir gemacht. Eine Wahrheit, die wir im Kopf UND im Herzen tragen. Darum geht es in diesem Buch.

Ein Weg nach vorn

A. W. Tozer eröffnet sein klassisches Werk *Das Wesen Gottes* mit der Aussage: „Was uns in den Sinn kommt, wenn wir an Gott denken, ist das Wichtigste an uns."[2]

Jeder Christ sollte genau wissen wollen, wie der Gott, den er liebt, wirklich ist. Auf diese Weise wird klares theologisches Denken für mich wie ein Foto meiner Frau: Es offenbart mir die Schönheit dessen, den ich liebe. Eine solide Lehre ist wichtig, weil sie uns die Eigenschaften des Gottes zeigt, den wir anbeten. Wie die Autorin Jen Wilkin sagt, ist biblische Bildung wichtig, denn: „Das Herz kann nicht lieben, was der Verstand nicht kennt."[3] Jedes Kapitel dieses Buches wird sich auf ein bestimmtes Attribut oder eine Eigenschaft Gottes konzentrieren. In den ersten Kapiteln geht es um einige seiner ausschließlichen Eigenschaften, d. h. um die Dinge, die nur auf ihn allein zutreffen (wie seine

Transzendenz und Allmacht). Die restlichen Kapitel konzentrieren sich auf einige der vermittelbaren Eigenschaften Gottes, d. h. auf die Merkmale Gottes, die sich zunehmend auch in unserem eigenen Leben widerspiegeln können (z. B. Liebe, Sanftmut und Freude), wenn wir mit Jesus unterwegs sind.

Neben der Hervorhebung der verschiedenen Eigenschaften Gottes werden wir auch sehen, wie diese Eigenschaften in Jesus Christus personifiziert werden. Wenn Jesus wirklich „der Glanz der Herrlichkeit Gottes und das genaue Abbild seines Wesens" (Hebräer 1,3) ist, dann können wir erwarten, dass sich die Eigenschaften Gottes im Leben Jesu gestochen scharf zeigen. Jesus ist keine unscharfe Kopie des Wesens Gottes. Er ist genauso wie Gott. Das, was uns am Wesen Gottes vielleicht unklar ist, rückt Jesus in den Fokus. Wir können lernen, wie Gott ist, indem wir erfahren, wie Jesus, der Gott-Mensch, ist.

Schließlich besteht unser Ziel nicht nur darin, unseren Verstand mit wahrem Wissen über Gott zu füttern (so wichtig das auch ist), sondern auch darin, dass dieses Wissen unser Herz und unsere alltäglichen Erfahrungen mit Gott neu formt.

Deshalb endet jedes Kapitel mit einer Handvoll Fragen, die zum persönlichen Nachdenken oder zur Diskussion in Gruppen genutzt werden können. Gute Theologie ist wichtig, aber sie ist nicht unser Endziel. Sie ist dazu da, uns eine tiefere Erfahrung desjenigen zu ermöglichen, für den wir geschaffen wurden. Sie ist der Raketentreibstoff für unsere Anbetung.

Stellen Sie sich vor, in Ihrer Nachfolge wären sowohl ein intelligenter als auch ein leidenschaftlicher Glaube Realität. Stellen Sie sich Gemeinden vor, die sowohl für eine hohe Wertschätzung der Heiligen Schrift als auch für eine hohe Wertschätzung des Heiligen Geistes (der sie ja geschrieben hat) bekannt sind.

Meine Hoffnung ist es, auf den Seiten dieses Buches ein biblisches Porträt von Gott zu zeichnen, damit wir ihn gemeinsam betrachten können, bis unsere Herzen zu singen beginnen. Ihn so zu betrachten, dass unser tägliches Erleben verwandelt wird durch ein vertieftes Bewusstsein dafür, wer es ist, zu dem wir beten, wer es ist, der bei uns ist, und wer es ist, von dem wir geliebt werden. Wir wollen intensiver über unseren Gott nachdenken, um ihn intensiver zu genießen. Wir lassen zu, dass die Wahrheit Gottes unser Herz entzündet.

1

Gott ist anders: Die Erfahrung des Staunens

„Wenn es um Gott geht, sind wir letztlich wie Ameisen, die über ein iPad krabbeln: in Kontakt mit etwas, das wir kaum verstehen."
Drew Dyck

Es war später Nachmittag, und nach zehn Tagen Predigttätigkeit im ländlichen Sambia saßen wir zu fünft in einem kleinen Boot, das ruhig über das seichte Wasser zum Flussufer glitt. Wir hatten gehofft, einen Blick auf einheimische Wildtiere zu erhaschen, doch damit hatten wir nicht gerechnet: Direkt vor uns stand ein ausgewachsener afrikanischer Elefant, der sich hinter ein paar dünnen Bäumen ungefähr so auffällig versteckte wie ein Las-Vegas-Werbeplakat in einer Amisch-Siedlung. Unser Guide stellte den Motor ab, und eine nervöse Stille legte sich über die Gruppe, während langsam die Flut kam. Wir saßen regungslos da, wagten kaum zu atmen, nur wenige Meter entfernt von einer ungezähmten Kraft, die noch nie einen Meister gefunden hatte. Wir waren voller Ehrfurcht. Plötzlich knackten die dünnen Bäume, die uns vom Elefanten trennten, und beugten sich nach vorne, als dieser schwergewichtige Champion Afrikas sich über sie hinweg ins seichte Wasser direkt auf uns zu bewegte. Ein paar Schritte weiter, und er wäre zu uns ins Boot gestiegen. Alle schnappten nach Luft. Jemand fluchte. Der Guide steuerte das Boot schnell zurück in sichere Entfernung, und wir sahen uns mit rasenden Herzen und ehrfürchtigen Gesichtern an, die alle dasselbe Wort predigten: *Staunen.* Während der gesamten Rückfahrt flussaufwärts waren wir voller Adrenalin, schüttelten die Köpfe und lachten, wie man nur lacht, wenn man seiner eigenen Sterblichkeit ins Auge geblickt hat.

Staunen. Es ist etwas, das sich leichter erleben als erklären lässt, denn die Beschreibung wird der Realität nie ganz gerecht. Aber es ist eine Realität, mit der wir alle im Laufe unseres Lebens schon einmal konfrontiert wurden. Wir könnten es mit einer inneren Explosion vergleichen, die durch den Anblick äußerer Größe ausgelöst wird. Freude, Überraschung, Neugier und manchmal sogar Entsetzen mischen sich und erinnern uns daran, wie wundervoll klein und geschöpflich wir tatsächlich sind. Zum Beispiel, wenn wir in der Gegenwart eines wilden Elefanten stehen. Oder das erste Mal Schokolade probieren. Oder ein unerwarteter Kuss auf unseren Teenagerlippen landet. Oder wir einen Blick auf einen Meteoritenschauer erhaschen.

Und genau dieses Gefühl der Ehrfurcht soll auch unseren Weg mit Jesus kennzeichnen. Echte Anbetung wird von einem ständigen Gefühl des Staunens getragen, wenn wir die Augen auf den Gott richten, der unvergleichlich in seiner Schönheit und unübertroffen in seiner Macht ist.

Gott ist anders

Wenn es Ihnen so geht wie mir, ist „Staunen" nicht das erste Wort, das Ihnen in den Sinn kommt, wenn Sie über Ihr eigenes Christsein nachdenken. Allzu oft sind unsere Erfahrungen mit Gebet, Bibel und Gemeinde nicht gerade überwältigend. Das Problem ist, wie der Reformator Martin Luther im 16. Jahrhundert über seinen theologischen Rivalen Erasmus witzelte: „Gar zu *menschlich* denkst du über *Gott!*" Gezähmte Ansichten über das Göttliche sind fast immer das Ergebnis einer „Gott-im-Spiegel"-Theologie, in der wir den Herrn aller Dinge nur ein wenig mehr als ein Spiegelbild unserer selbst sehen: als einen Gott, der bequemerweise fast alles, was wir gegenwärtig praktizieren und gutheißen, mit einem Augenzwinkern abtut und selten so dreist ist, unseren Wünschen zu widersprechen.

Aber das ist nicht das Bild von Gott, das wir in der Heiligen Schrift finden. Dieser Gott – so wie er wirklich ist – lässt sich nicht einfangen, in einen Käfig sperren und umfassend untersuchen wie ein hübsches kleines Musterexemplar.

Wir müssen erst einmal erkennen, wie unterschiedlich wir und der Gott sind, der uns zuruft: „Suchet mein Angesicht" (Psalm 27,8). In C. S. Lewis' *Der silberne Sessel* gibt es eine Szene, in der Jill, selbstbewusst und neu im Land Narnia, von ihrem Freund Eustace getrennt wird und nach einem Bach sucht, um ihren quälenden Durst zu stillen. Sie folgt den Geräuschen von fließendem Wasser und findet schließlich diese Quelle des Lebens, doch als sie dort ankommt, bleibt sie wie erstarrt stehen. Denn neben dem Bach steht derjenige, der Narnia ins Leben gerufen hat: Aslan, der Löwe. Gelähmt vor Unsicherheit, ob sie sich nähern oder um ihr Leben rennen soll, ist sie überrascht, als der große Löwe das Maul öffnet und zu ihr spricht:

„Bist du denn nicht durstig?", fragte der Löwe.
„Ich sterbe vor Durst", antwortete Jill.
„Dann trink", sagte der Löwe.

„Dürfte ich – könnte ich – würde es dir etwas ausmachen, wegzugehen, während ich trinke?", fragte Jill.

Darauf antwortete der Löwe nur mit einem Blick und einem ganz leisen Grollen. Als Jill seinen regungslosen Körper betrachtete, wurde ihr klar, dass sie genauso gut den ganzen Berg hätte bitten können, ihr zuliebe zur Seite zu rücken.

Das köstliche Plätschern des Baches machte sie fast rasend.

„Versprichst du, mir nichts zu tun, wenn ich näher komme?"

„Ich mache keine Versprechen", erwiderte der Löwe.

Jill war inzwischen so durstig, dass sie schon einen Schritt gemacht hatte, ohne es zu merken.

„Würdest du ein Mädchen fressen?", fragte sie.

„Ich habe schon Mädchen und Jungen verschlungen, Frauen und Männer, Könige und Kaiser, Städte und Reiche", antwortete der Löwe. Er sagte es nicht so, als wollte er angeben, auch nicht so, als täte es ihm leid. Es sagte es einfach nur.

„Ich traue mich nicht, zu kommen und zu trinken", sagte Jill.

„Dann wirst du verdursten", erwiderte der Löwe.

„Oje!", sagte Jill und trat noch einen Schritt näher. „Dann werde ich mir wohl einen anderen Bach suchen müssen."

„Es gibt keinen anderen Bach", entgegnete der Löwe.[4]

Wie der Löwe bei Lewis lässt sich Gott nicht zähmen. Er bietet die Fülle des Lebens, aber zu seinen Bedingungen. Dennoch müssen wir uns ihm nähern, denn es gibt keinen anderen Bach.

In der gesamten Heiligen Schrift werden wir mit einem Gott konfrontiert, der so ganz anders ist als wir. Ein Gott, der uns fragt: „Mit wem denn wollt ihr mich vergleichen, dem ich gleich wäre?“ (Jesaja 40,25), und der uns zurechtweist: „Du dachtest, ich sei ganz wie du“ (Psalm 50,21). Natürlich sind wir Gott in gewissem Sinn fundamental ähnlich (darüber werden wir in Kapitel 10 sprechen); doch in einer tieferen Hinsicht ist Gott ganz anders als wir. Das theologische Attribut, von dem wir hier sprechen, wird Transzendenz Gottes genannt. Oder anders ausgedrückt: die „Göttlichkeit“ Gottes. Gott erinnert uns durch den Propheten Jesaja daran, wie anders sein „Anderssein“ ist:

> *Gedenkt des Früheren von der Urzeit her, dass ich Gott bin! Es gibt keinen sonst, keinen Gott gleich mir, der ich von Anfang an den Ausgang verkünde und von alters her, was noch nicht geschehen ist, – der ich spreche: Mein Ratschluss soll zustande kommen, und alles, was mir gefällt, führe ich aus. (Jesaja 46,9-10)*

Wer von uns kann das sagen? Wer von uns kennt nicht nur den Anfang und das Ende aller Dinge, sondern verkündet sie auch? Wer von uns kann schon von sich behaupten, dass alle seine Pläne in Erfüllung gegangen sind? Keiner. Es gibt niemanden wie ihn.

Was die Kluft zur Transzendenz Gottes so unüberwindbar macht, ist, dass Gott, biblisch gesehen, nicht nur in der höchstmöglichen Kategorie existiert, sondern sogar über dem Konzept von Kategorien steht. Er erschafft die Kategorien. Um das Bild von Tozer aufzugreifen, steht Gott nicht nur an der Spitze der Liste der Wesen, die in ihrer Herrlichkeit immer weiter abnehmen: Gott, Engel, Menschen, Säugetiere, Reptilien, Insekten,

Bakterien ...) Der Punkt ist: Gott steht nicht einmal auf der Liste. Er geht über die Liste hinaus. Er hat die Liste gemacht. Tozer schreibt, Gott sei...

> *... so hoch über einem Erzengel wie über einer Raupe, denn die Kluft, die den Erzengel von der Raupe trennt, ist endlich, während die Kluft zwischen Gott und dem Erzengel unendlich ist. Die Raupe und der Erzengel, obwohl sie in der Skala der geschaffenen Dinge weit voneinander entfernt sind, sind dennoch eins, da sie beide geschaffen sind. Sie gehören beide zur Kategorie dessen, was nicht Gott ist, und sind von Gott durch die Unendlichkeit selbst getrennt.*[5]

Selbstexistent und unverändlich

Gott unterscheidet sich von uns nicht nur in der *Kategorie* seines Seins, sondern auch im *Wesen* seines Seins. Wie das? Er braucht nichts außerhalb seiner selbst, um zu existieren, und in seiner Selbstexistenz entfernt er sich nicht einen Millimeter von der Vollkommenheit. Er ist ein „lebendiger Gott und ewiger König" (Jeremia 10,10), der „König der Könige und Herr der Herren, der allein Unsterblichkeit hat" (1. Timotheus 6,15.16). Theologen bezeichnen dies als die Aseität – oder Selbstexistenz – Gottes.

Stellen Sie sich das einmal so vor: Wir sind bedürftig. Wir sind sehr zerbrechlich. Um überleben zu können, sind wir völlig abhängig von Nahrung und Wasser und einer Umgebung mit einer sehr engen Temperaturspanne. Und ich habe noch nicht einmal den unbewussten, ständigen Ausdruck von Abhängigkeit erwähnt, der als Atmung bekannt ist und auf den Sie sich stillschweigend stützen, ohne es zu merken, seit Sie dieses Buch aufgeschlagen haben. Aber Gott braucht nichts außerhalb seiner selbst, um zu existieren. Er braucht keinen Sauerstoff, er braucht keine spezielle Umgebung, er ist auf nichts außerhalb von sich selbst angewiesen. Er ist in sich selbst alles, was nötig ist, glücklich und ganz. Alles andere, was existiert – von explodierenden Supernovas bis hin zur Zellteilung –, existiert nur, weil er existiert.

Darüber hinaus verändert er sich nicht. Gott ist unwandelbar. Er verhält sich immer wie er selbst, d. h. er entwickelt und verbessert sich nicht. Weder sein Wesen noch sein Charakter ändern sich. Er ist „Vater der Lichter, bei dem keine Veränderung ist noch eines Wechsels Schatten" (Jakobus 1,17). Während wir durch eine einzige Tragödie in unserer Persönlichkeit radikal verändert werden können oder sich unsere Überzeugungen tiefgreifend ändern, sobald die Umstände nicht mehr mit unseren Plänen übereinstimmen, bleiben Gottes Absichten und sein Wort unerschütterlich. Wir verändern uns ständig, er verändert sich nie. Als Mose nach seinem Namen fragte, antwortete Gott ihm nicht mit einem Etikett, sondern mit einer Aussage über seine unveränderliche Existenz: „Ich bin, der ich bin" (2. Mose 3,14). Das ist Gottes Art, uns zu sagen: *Es gab nie eine Zeit, in der ich nicht war, und es wird nie eine Zeit geben, in der ich nicht sein werde.* Er ist – so einfach und herrlich.

Jesus: das verkörperte „Ich bin“

Ist Ihnen aufgefallen, dass die Menschen in den Evangelien, wenn sie Jesus so begegneten, wie er wirklich war, niemals mit einem Achselzucken der Gleichgültigkeit reagierten? Sie staunten über ihn und beteten ihn an oder hoben Steine auf, um ihn zu steinigen. Sie taten alles, um ihm nahe zu sein oder um die Welt von ihm zu befreien.

Als einige religiöse Führer Jesus fragten, wer er wirklich sei, antwortete er mit der gleichen Erklärung über seine ewige Existenz, die Gott Moses gegeben hatte: „Wahrlich, wahrlich, ich sage euch: Ehe Abraham war, bin ich“ (Johannes 8,58). Er wandte die unveränderliche Andersartigkeit Gottes bewusst auf sich selbst an. Ein weiteres Mal offenbarte Jesus seine Andersartigkeit in Markus 4, wo er, nachdem er den ganzen Tag lang große Menschenmengen am Meer gelehrt hatte, beschloss, dass es für ihn und seine Jünger an der Zeit war, auf die andere Seite zu gehen.

> *Und es erhebt sich ein heftiger Sturmwind, und die Wellen schlugen in das Boot, sodass das Boot sich schon füllte. Und er war hinten im Boot und schlief auf dem Kopfkissen; und sie wecken ihn auf und sprechen zu ihm: Lehrer, kümmert es dich nicht, dass wir umkommen? Und er wachte auf, bedrohte den Wind und sprach zu dem See: Schweig, verstumme! Und der Wind legte sich, und es entstand eine große Stille. (Markus 4,37-39)*

Der Sturm war so heftig, dass selbst die erfahrenen Fischer aus der Mannschaft Jesu, die auf dem Wasser aufgewachsen waren, um ihr Leben fürchteten. Jesus erwachte aus seinem Nickerchen, schaute auf den tobenden Sturm und sprach drei Worte: „Schweig, verstumme!“ Zwei Verben, die man in etwa so übersetzen könnte: „Setz dich hin, bleib unten!“ Und der Sturm gehorchte ihm sofort. Das war kein Zaubertrick, keine Beschwörung und kein Appell an eine höhere Macht, ihm zu helfen. Es war Jesus, „das Wort“, das „Fleisch“ wurde und „unter uns“ wohnte (Johannes 1,14) – derjenige, durch den die ganze Schöpfung entstanden war (V. 1-3) –, der mit einer Autorität zu einem Sturm sprach, die nur dem Schöpfer selbst zustand.

Die wütenden Wellen und die tobenden Winde erkannten die uralte Stimme, die sie ganz am Anfang ins Leben gerufen hatte, und setzten sich gehorsam zu den Füßen ihres Meisters. Christus sprach. Die Schöpfung hörte zu. Und die Jünger zitterten.

> *Und er sprach zu ihnen: Warum seid ihr furchtsam? Habt ihr noch keinen Glauben? Und sie fürchteten sich mit großer Furcht und sprachen zueinander: Wer ist denn dieser, dass auch der Wind und der See ihm gehorchen? (Markus 4,40-41)*

Warum hatten diejenigen, die Jesus kannten und mit ihm unterwegs waren, nach dem Sturm mehr Angst als während des Sturms? Warum kehrte keine Ruhe in ihre Herzen ein, als ihre Umgebung ruhig wurde? Das ist der Grund: In diesem Moment erkannten die Jünger, dass sie bessere Chancen hatten, die Macht außerhalb des Bootes zu bändigen als denjenigen, der sich in ihrem Boot befand. Doch derjenige, der unendlich weit über ihnen stand, war auch genau dort, ganz nah bei ihnen. Kein Wunder, dass sie vor Furcht und Staunen zitterten.

Reifung zur Kindlichkeit

Zu diesem Zeitpunkt steht uns aus Ehrfurcht vor Gott der Mund schon leicht offen, aber wir lächeln noch nicht. Lassen Sie uns ein wenig tiefer gehen. Die Art des Staunens, zu der Jesus uns aufruft, ist die eines Kindes. Ich bin sicher, dass es viele Gründe gibt, warum Jesus sagte: „Wenn ihr nicht umkehrt und werdet wie die Kinder, so werdet ihr keinesfalls in das Reich der Himmel hineinkommen" (Matthäus 18,3). Aber bestimmt hatte es mit der Fähigkeit eines Kindes zu tun, wahrhaftig zu staunen. In der Tat sagte Jesus seinen Anhängern immer wieder das Gleiche, wenn sich ihr Ego aufzuplustern begann. Er wies sie auf ein kleines Kind hin.

Für ein Kind ist ehrfürchtiges Staunen ganz natürlich. Kinder besitzen eine entzückende Neugier, die sie dazu veranlasst, auf das zuzugehen, was sie in Erstaunen versetzt, statt davor zurückzuschrecken oder es einfach abzutun. Die Welt um sie herum strotzt nur so vor Neuem, das es zu bewundern gilt, sei es ein Schmetterling im Garten, ein hübscher Kieselstein im Dreck, eine Fahrt auf dem Vordersitz des Autos oder ein Lied aus dem Film *Die Eiskönigin*, das zum zehnmilliardensten Mal gespielt wird: Alles scheint ihnen ein „Wow" aus dem lächelnden Mund zu entlocken. Wenn es ums Staunen geht, sind Kinder die Experten.

Und doch ist diese Fähigkeit des wahrhaftigen Staunens oft eines der ersten Dinge, die dem Erwachsenwerden zum Opfer fallen. Je routinierter wir werden und je mehr wir uns an das Leben in dieser Welt „gewöhnt" haben, desto weniger leicht lassen wir uns überraschen. Wir sind zynischer geworden. Und gefühlloser gegenüber der Herrlichkeit, selbst wenn sie direkt vor unserer Nase liegt.

Wie wäre es, wenn eine kindliche Neugierde, ein Staunen und eine Offenheit unser Leben prägen würden statt eines unerschütterlichen Gefühls der Selbstsicherheit? Er erscheint widersinnig, aber das christliche Wachstum ist eine allmähliche Abwärtsbewegung bis hin zur Reife des Kindseins. Sind Sie jemals einem Christen mittleren Alters begegnet, dessen Augen voller Leben strahlten? Das ist jemand, der in Richtung Kindlichkeit des Herzens wächst, nicht davon weg. Wenn wir uns in einer Lebensphase befinden, die uns trocken und vorhersehbar erscheint, wenn wir Gottes Wort mit einem lässigen Gefühl der Vertrautheit öffnen, wenn wir beten, als würden wir uns an einen Kundenbetreuer wenden statt an einen liebenden Vater, dann lohnt es sich, uns zu fragen: „Habe ich mich von der Kindlichkeit entfernt, statt zur Kindlichkeit hin zu reifen? Bin ich zu erwachsen für mein eigenes Wohl geworden?“

Eine Hermeneutik der Anbetung

Wir müssen nur die Augen für die Zeichen der Herrlichkeit Gottes um uns herum öffnen, für die unsere Selbstbezogenheit uns blind gemacht hat. Gott hat uns gnädigerweise eine Welt zur Verfügung gestellt, die von seiner schöpferischen Majestät übersprudelt und uns daran erinnert, dass wir in einer Geschichte stehen, die viel, viel größer ist als wir selbst. Und er offenbart uns in seinem Wort ein Bild von sich, das alles andere als langweilig ist. Der verstorbene Pastor Eugene Peterson nannte dies „eine Hermeneutik der Anbetung kultivieren“. Hermeneutik ist einfach unsere Art, die Bibel zu lesen. Anbetung bedeutet tiefe und verehrende Liebe. Indem er diese beiden Worte zusammenbringt, ermutigt uns Peterson, Gottes Welt und Gottes Wort Hand in Hand zu lesen:

> *Betrachten Sie die Welt mit kindlichem Staunen und lassen Sie sich von der überschwänglichen Fülle an Wahrheit, Schönheit und Güte überraschen, die in jedem Augenblick aus dem Himmel strömt! ... Und dann praktizieren Sie diese Hermeneutik der Anbetung bei der Lektüre der Heiligen Schrift! Nehmen Sie sich vor, den Rest Ihres Lebens damit zu verbringen, die weite und komplexe Welt, die dieser Text offenbart, zu erforschen und zu genießen!*[6]

Wenn ich in der Hektik des 21. Jahrhunderts lange genug innehalte, um aufrichtig auf das schöpferische Genie Gottes zu blicken, erinnert sich mein Herz daran anzubeten. Ein spätsommerlicher Sonnenuntergang auf der Isle of Skye in unaussprechlichen Violett- und Rottönen; die herrlichen Geräusche eines knisternden Feuers; die Existenz von Kaffee; die Art und Weise, wie Wasser in der zarten Form einer Schneeflocke sanft schweben oder mit donnernder Symmetrie in einer Welle an der Küste Tahitis brechen kann; die Stille der Morgendämmerung; der Geruch von australischem Regen; die Lächerlichkeit von Lamas; das Lachen einer Tochter. Wenn ich der Welt Gottes Aufmerksamkeit schenke, werde ich mit Freude erfüllt.

Und wenn ich in Gottes Wort schaue, werde ich daran erinnert, dass derjenige, der all die gerade beschriebene Schönheit erschaffen hat, derselbe ist, der das Universum mit seiner Hand umspannt (Jesaja 40,12); der all die Galaxien hervorgerufen hat, die jeweils Milliarden von Sternen enthalten und die er alle mit Namen kennt (Psalm 147,4). Sterne wie VY Canis Majoris, der groß genug ist, um 1,3 Millionen Erden zu verschlingen und noch Platz für einen Nachtisch zu haben. Die Heilige Schrift verweist auf einen Gott mit unübertrefflicher Weisheit, unbegrenztem Reichtum und unerforschlichen Gerichten (Römer 11,33). Es ist wahrscheinlicher, dass eine Bulldogge Bach spielt oder ein Kaktus die Quantentheorie begreift, als dass Sie und ich die Tiefen des Göttlichen ausloten, ob in diesem Leben oder in der Ewigkeit. Niemand, der auch nur den leisesten Blick auf diesen Gott erhascht, geht mit Hochmut auf ihn zu oder mit einem Gähnen von ihm weg.

Schauen Sie also ruhig eine Weile sprachlos auf die großartige Andersartigkeit Gottes, die sich in seiner Welt und seinem Wort zeigt! Machen Sie sich keine Gedanken darüber, wie klein Sie sich dabei fühlen! Umarmen Sie es! Denn klein sind Sie in der Tat. Erkennen Sie Ihre Abhängigkeit als Geschöpf, und dann heben Sie den Blick, so hoch Sie können, zu den Höhen der ungeschaffenen Beständigkeit Gottes! An diesem Ort werden Erwachsene wieder zu Kindern, und die Lebensmüden werden durch Staunen erneuert.

Sind Sie durstig? Fühlen Sie sich ausgetrocknet? Gott lädt Sie ein, zu ihm zu kommen und zu trinken. Aber denken Sie daran: Sie müssen ihn so annehmen, wie er ist. Er lässt sich ebenso wenig beherrschen wie ein galiläisches Gewitter oder ein Löwe aus Narnia.

Denken Sie daran, dass Gott *Gott* ist!

Denken Sie daran, dass Gott *anders* ist!

Denken Sie daran, dass Gott *ist!*

Vertiefende Fragen und Anwendung

1. Auf welche Weise berührt die Andersartigkeit Gottes, die in der Heiligen Schrift offenbart wird, Ihr Herz?

2. Auf welche Weise lässt Gottes Andersartigkeit Ihr Herz erbeben?

3. Denken Sie über die Worte Jesu über das Kindsein nach! Wo haben Sie in Ihrem Christsein den Sinn für das Wunderbare verloren und sind vielleicht zu Ihrem eigenen Schaden zu erwachsen geworden?

4. Wenn Sie innehalten, um auf Gottes Welt schauen, was sehen Sie dann um sich herum, das Sie mit Ehrfurcht erfüllt?

2

Gott ist souverän: Die Erfahrung der Gewissheit

„Im christlichen Glauben geht es nicht um das,
was wir tun können; sondern um das,
was Gott für uns zu tun verspricht.
Der christliche Glaube ist nicht grundsätzlich eine
Herausforderung, sondern vielmehr eine Zusicherung."
Ray Ortlund

Eine der inspirierendsten Frauen des 20. Jahrhunderts war die Uhrmachertochter Corrie ten Boom in den Niederlanden. In ihrem Buch *Die Zuflucht* erzählt Corrie, wie ihre Familie während des Zweiten Weltkriegs Hunderte von Juden vor der mörderischen Verfolgung durch die Nazis schützte. Schließlich wurde ihr Haus von der Gestapo gestürmt, und die Familie ten Boom wurde in Hitlers berüchtigte Konzentrationslager verschleppt.

Corrie und ihre Schwester Betsie fanden sich schließlich im Konzentrationslager Ravensbrück jenseits der deutschen Grenze wieder. Zu diesem Zeitpunkt waren in den Baracken, die für 250 Frauen gebaut worden waren, 1500 bis 2000 Frauen untergebracht, die zu fünft in einem Bett lagen oder auf dem mit Stroh bedeckten Boden. Corrie und Betsie wurden in Baracke 28 gebracht, ein baufälliges Gebäude mit zerbrochenen Fenstern, schmutzigem Bettzeug, verstopften Rohrleitungen und schlecht gelaunten Wachen. Und zu allem Überfluss wimmelte es in

Baracke 28 von beißenden Flöhen. *Wirklich, Gott? Als wären die Dinge nicht schon schlimm genug!*

In den kommenden Wochen begannen die Schwestern, trotz der miserablen Bedingungen in Baracke 28, den anderen Frauen um sich herum zu dienen; sie beteten mit ihnen, ermutigten sich gegenseitig und lasen aus einer kleinen Bibel vor, die sie hereingeschmuggelt hatten. Obwohl die Wachen alle in Hörweite waren, betraten sie die Baracken nur selten, was den Schwestern mehr Gelegenheiten bot, den anderen von Jesus zu erzählen. Sie fanden bald heraus, warum. Corrie schreibt:

> *Eines Abends kam ich spät in die Baracke zurück. ... Betsie wartete auf mich, wie immer, damit wir zusammen in der Essensschlange stehen konnten. Ihre Augen funkelten.*
>
> *„Du siehst außerordentlich zufrieden mit dir aus", sagte ich.*
>
> *„Weißt du, wir haben nie verstanden, warum wir in diesem großen Raum so viel Freiheit haben", sagte sie. „Also, ich habe es herausgefunden."*
>
> *An diesem Nachmittag, so erzählte sie, habe es in ihrer Strickgruppe Unstimmigkeiten über die Sockengrößen gegeben, und man habe die Betreuerin gebeten, zu kommen und die Sache zu klären. Aber sie wollte nicht. Sie wollte nicht durch die Tür gehen, und die Wachen auch nicht. „Und weißt du, warum?"*
>
> *Betsie konnte den Triumph in ihrer Stimme nicht verbergen: „Wegen der Flöhe! Das hat sie auch gesagt: ‚Hier wimmelt es von Flöhen!'"*[7]

Warum hatten diese beiden Schwestern die Freiheit, in den dunkelsten Umständen Hoffnung und Hilfe zu geben?

Weil durch die souveräne Hand Gottes die Flöhe die Nazis kontrollierten.[8] Wenn Gott souverän ist, können wir endlich aufhören, so zu tun, als seien wir es. Und wenn wir glauben, dass Christus auf dem Thron sitzt, können wir auch mit Zuversicht leben, selbst unter den schwierigsten Umständen.

Wer hat hier das Sagen?

Souverän zu sein bedeutet, die höchste Autorität zu haben. Wenn wir über Souveränität sprechen, gehen wir der Frage nach: *Wer hat hier das Sagen?* Wenn das Leben eine Geschichte ist, wer hält dann die Feder in der Hand? Wer ist derjenige, der über die Dinge entscheidet – von der kosmischen Ebene des Standorts eines jeden Sterns bis hin zur komischen Ebene der Form menschlicher Zehen?

Die Heilige Schrift erinnert uns daran, dass wir nicht in den Händen des Schicksals, des Chaos', des Teufels, der Dämonen oder gar von uns selbst sind, sondern in den sicheren Händen eines unendlich souveränen und unendlich guten Gottes, der in allem zu seiner Ehre am Werk ist. Souveränität, verbunden mit der grenzenlosen Transzendenz Gottes, bedeutet nicht nur „am besten", sondern unschlagbar. Unvergleichlich. Unübertroffen. Der Gott des Throns regiert mit absoluter Überlegenheit; eine Herrschaft, die A. W. Pink so beschreibt: „Konkurrenzlos in seiner Majestät, unbegrenzt in seiner Macht, unberührt von allem, was außerhalb seiner selbst liegt."[9] Er ist wunderbar unbeeindruckt von jedem, der ihm potenziell seine Krone streitig machen will.

Die biblischen Autoren zeichnen ein Bild des höchsten Gottes, der allein Himmel und Erde geschaffen hat (1. Mose 14,19) und dessen Herrschaft über alle Generationen hinweg bis zum Ende der Zeit, wie wir sie verstehen, andauern wird (Psalm 145,13). Stellen Sie sich einen Kreis vor, in dessen Mitte die Worte „alle geschaffenen Dinge" stehen. Nach Jesaja hält Gott diese Sphäre „aller geschaffenen Dinge" in seiner Hand, mit der Leichtigkeit, mit der Michael Jordan einen Basketball festhält (Jesaja 40,12). Er ist ein Gott, der souverän über die Schöpfung herrscht (Psalm 146,6; Römer 11,36); souverän in der Erlösung ist (Johannes 6,37.44; Römer 8,29-30; 9,15-16); souverän über alle Dinge (Römer 8,28); der sogar das Böse und das Leid dazu zwingt, sich zu beugen und seine Absichten zu erfüllen, ohne selbst der Urheber des Bösen zu sein (1. Mose 50,20; Jakobus 1,13). Er kann tun, was er will, wo er will, wann er will und solange er will.

Wir müssen unbedingt verstehen, dass sich Gottes Souveränität nicht nur auf die schönen, glücklichen und angenehmen Dinge erstreckt, sondern auf alles. Auch auf die schmerzhaften Dinge. Besonders auf die schmerzhaften Dinge. Denn gerade in unserem Schmerz – von den kleinen Ärgernissen des Lebens wie Flöhen bis hin zur verwirrenden Existenz von Übeln wie den Nazis – brauchen wir den Trost, der unsere Angst verpuffen lässt und den nur ein Gott auf dem Thron bieten kann. Denken Sie einmal darüber nach: Wenn auch nur eine Sache außerhalb von Gottes Souveränität läge, wie könnten wir dann jemals in der Gewissheit ruhen, dass Gott wirklich alles im Griff hat? Stattdessen dürfen Christen mit der Zuversicht leben, dass kein einziger Moment des Leidens in ihrem Leben jemals vergeudet sein wird. Unter Gottes souveränem Fuß wird jeder Schlag, den wir in diesem Leben einstecken, zu dem feinen Wein eines christusähnlichen Lebens gestampft. Am Ende dieses Zeitalters werden wir zurückblicken und sehen, wie – in Gottes Hand – sogar unsere

Leiden unserer Heiligung gedient haben (das untersuchen wir in Kapitel 6 näher).

Nachdem Paulus im Römerbrief elf Kapitel lang über die große und souveräne Gnade Gottes geschrieben hat, ist es kein Wunder, dass er plötzlich in ein Lied ausbricht:

> *Welche Tiefe des Reichtums, sowohl der Weisheit als auch der Erkenntnis Gottes! Wie unerforschlich sind seine Gerichte und unaufspürbar seine Wege! Denn wer hat des Herrn Sinn erkannt, oder wer ist sein Mitberater gewesen? Oder wer hat ihm vorher gegeben, und es wird ihm vergolten werden? Denn aus ihm und durch ihn und zu ihm hin sind alle Dinge! Ihm sei die Herrlichkeit in Ewigkeit! Amen. (Römer 11,33-36)*

Seine Wege sind „unaufspürbar" (V. 33) – es gibt kein Leitungsgremium, das er um Zustimmung bittet. Niemand ist sein Mitberater (V. 34) – er hat keinen Vorgesetzten, keinen Befehlshaber, wird von niemandem kontrolliert, und er wird nie in unserer Schuld stehen. Seiner Autorität sind keine Grenzen gesetzt. Er ist der König der Könige und der Herr der Herren, der in einer ganz eigenen Kategorie existiert, an die niemand auch nur annähernd heranreicht. Selbst seine scheinbaren „Fehlentscheidungen" führen immer noch zu einem unvermeidlichen Schachmatt aller, die sich ihm widersetzen. Wer von uns kann mit Gott sagen: *Niemand hat mich jemals gelehrt, gezüchtigt, korrigiert, beraten, bereichert, gemessen oder verbessert* (Jesaja 40,12-14; Römer 11,33-36)?

Mit anderen Worten: Gott ist noch viel mehr Gott, als Sie denken.

Nichts ist so groß, dass es ihn einschüchtert, oder so klein, dass es seiner Aufmerksamkeit entgeht. Er ist genauso souverän über die Schwierigkeiten, die Sie am nächsten Dienstag erwarten, wie über die Erneuerung des Universums.

Jesus ist souverän über seine Schöpfung

Wie wir bereits gesehen haben, hat Jesus in der Herrschaft über die geschaffene Welt seine Souveränität unter Beweis gestellt. Auf sein Wort hin legten sich Stürme still zu den Füßen ihres Schöpfers (Markus 4,35-41); Feigenbäume verdorrten und waren nicht mehr da (Matthäus 21,18-21); gewöhnliches Wasser wurde zu feinstem Rotwein veredelt (Johannes 2,1-11) – oder wie es der Dichter Richard Crashaw im 17. Jahrhundert beschrieb: „Das bewusste Wasser sah seinen Schöpfer und wurde rot."

Wenn Jesus mit souveräner Leichtigkeit über die Elemente herrschte, als er auf dieser Welt wandelte, wie viel mehr regiert dann der auferstandene und erhöhte Jesus, während er auf seinem Thron sitzt? Kein Molekül des Universums existiert außerhalb seiner souveränen Autorität, wie Paulus den Kolossern in Erinnerung ruft:

> *Denn in ihm ist alles in den Himmeln und auf der Erde geschaffen worden, das Sichtbare und das Unsichtbare, es seien Throne oder Herrschaften oder Gewalten oder Mächte: Alles ist durch ihn und zu ihm hin geschaffen; und er ist vor allem, und alles besteht durch ihn. (Kolosser 1,16-17)*

Für Christus liegt alles, was existiert, innerhalb der Grenzen seiner gütigen und königlichen Herrschaft. Um es mit den berühmten Worten des niederländischen Theologen Abraham Kuyper zu sagen: „Es gibt keinen Quadratzentimeter im ganzen Umkreis unserer menschlichen Existenz, über den Christus, der über alles erhabene Herr, nicht ruft: ‚Meins!'"[10]

Jesus ist souverän über seine Mission

Jesus ist nicht nur der Herrscher über die gesamte Schöpfung, sondern auch über den großen Erlösungsplan, ein Volk zu seinem Eigentum zu machen (1. Petrus 2,9-10). Unmittelbar bevor Jesus die Jünger mit der scheinbar unüberwindlichen Aufgabe beauftragte, die ganze Welt zu Jüngern zu machen, wollte er ihnen eines versichern: Er hat die volle und uneingeschränkte Kontrolle.

> *Und Jesus kam und sagte zu ihnen: „Mir ist alle Macht gegeben im Himmel und auf Erden. Geht nun hin und macht alle Nationen zu Jüngern ..." (Matthäus 28,18-19)*

Denken Sie daran, wie nervös wir manchmal sind, wenn wir jemandem, der Christus noch nicht kennt, das Evangelium verkünden. Stellen Sie sich dann vor, wie unmöglich sich dieser Auftrag für die Jünger angefühlt haben muss! Warum war es Jesus so wichtig, den Auftrag mit dieser Erinnerung an seine Souveränität zu verknüpfen? Weil wir uns daran erinnern sollen, dass er uns zwar gnädigerweise in Gottes Mission miteinbezogen, die letzte Verantwortung für diese Mission aber nicht abgegeben hat. Wie könnte es auch anders sein? Und wenn es anders wäre, wie könnten wir morgen früh überhaupt aus dem Bett aufstehen und mit irgendeiner Aussicht auf Erfolg versuchen, treu zu seiner Ehre zu leben?

Am Ende würden wir uns wie Sisyphus fühlen, der antike König von Korinth aus der griechischen Mythologie, der von den Göttern zu einer Ewigkeit der Sinnlosigkeit verurteilt wurde. Jeden Tag schob er einen riesigen Felsbrocken auf einen Berg in der Unterwelt. Wenn er sich dem Gipfel näherte, rollte der Felsblock wieder zurück und stürzte ihn den Berg hinunter, sodass er seine unmögliche Aufgabe erneut beginnen musste. Unendliche Vergeblichkeit. Unaufhörlicher Kampf. Eine unerfüllbare Mission.

Entfernt man die Souveränität Christi aus dem Missionsbefehl, sind wir alle wie Sisyphus. Es würde nicht lange dauern, bis wir von der Größe des vor uns liegenden Berges überwältigt wären und schließlich von einem Gewicht erdrückt würden, für das wir als Geschöpfe nicht geschaffen sind. Aber die Souveränität Christi, der „alle Dinge durch das Wort seiner Macht trägt" (Hebräer 1,3), ist der Treibstoff, mit dessen Hilfe wir ihm zuversichtlich auf seine Mission folgen!

Jesus sitzt auf dem Thron, und niemand kann ihn abwählen. Deshalb können Sie das Evangelium mit Zuversicht weitergeben, in der Gewissheit, dass Christus selbst angesichts von Ablehnung oder Feindseligkeit auf dem Thron sitzt und zu seiner Zeit die Herzen durch Ihr treues Zeugnis verändert.

Jesus ist der Herr aller Herren, und kein Ausschuss kann ihn entlassen. Deshalb können Sie standhaft bleiben, auch wenn sich unsere Kultur wandelt und verändert; Sie brauchen keine Angst zu haben, auf der „falschen Seite der Geschichte" zu stehen, denn

Sie stehen auf dem Felsen von Gottes Wort, der die ganze Welt überdauern wird.

Jesus ist der König der Könige, und keine Macht der Menschen und keine Armee der Hölle kann ihn stürzen. Deshalb können Sie mit neuer Zuversicht für Ihre Lieben beten, denn der Gott, der Ihnen Zugang zu seinem Thron verschafft hat, hört auch Ihre Stimme gerne (Hebräer 4,16; Epheser 2,18).

Wenn Jesus souverän ist, können wir unser Herz zur Ruhe kommen lassen, auch wenn wir uns geschäftig an die Arbeit machen.

Erholung für genesende Kontrollfreaks

Für diejenigen von uns, die mit dem im Westen des 21. Jahrhunderts vorherrschenden Sinn für Autonomie und Individualismus aufgewachsen sind, kann sich die Erkenntnis von Gottes Souveränität anfühlen, als würden sie mit einem rechten Haken von Mike Tyson in Berührung kommen. Wir verbringen unser Leben damit, Sicherheit aus unserer Fähigkeit zu schöpfen, Dinge zu kontrollieren (oder zumindest sind wir davon überzeugt). Wir gestehen unsere Hilflosigkeit nicht gerne ein. Aber ob es nun der Schrei eines abhängigen Neugeborenen ist, der Herzschmerz eines Beziehungsverrats in unseren Teenagerjahren, der Moment mit Anfang 20, als wir uns mit der Realität konfrontiert sahen, die Sinnkrise im mittleren Alter oder die allmähliche Akzeptanz unserer Sterblichkeit, die sich gegen Ende unserer Tage einstellt – die scharfen Kanten des Lebens zerstören die Illusion, die wir uns selbst geschaffen haben, wir hier hätten in gewisser Weise „das Sagen“.

Jeder Christ ist bis zu einem gewissen Grad ein genesender Kontrollfreak. Erst wenn wir unsere rechtmäßige Rolle als Geschöpf und nicht als Schöpfer, als Diener und nicht als Meister, als Kind und nicht als Vater akzeptieren, finden wir die Ruhe, nach der wir uns am meisten sehnen. Fragen Sie sich also selbst: *Wie fühle ich mich, wenn Jesus auf dem Thron regiert? Beunruhigt oder tröstet es mich?* Es ist zwar unwahrscheinlich, dass ich das jemals so unverblümt sagen werde, aber die Wahrheit ist, dass mich Gottes Souveränität nur dann beunruhigt, wenn ich im tiefsten Inneren denke, dass man ihm eine solche Autorität nicht anvertrauen kann. Oder dass ich es besser könnte. Der erste Fall offenbart ein Herz, das ihn noch nicht so kennt, wie er sich offenbart hat; der zweite zeigt, wie der Teufel zum Teufel wurde. Dass Gott auf dem Thron sitzt, bedroht mich nur dann, wenn mein Fleisch einen Putsch plant.

Folgendes passiert, wenn wir die Lehre von der Souveränität Gottes wirklich verstehen: Sein Platz auf dem Thron erschreckt uns nicht mehr. Im Gegenteil, sie tut uns wohl, wie ein Kissen für ein müdes Haupt. Er erfrischt uns wie eine Oase in der Wüste für einen müden Reisenden. Der Thron Gottes ist nur für das rebellische Herz abstoßend. Für seine Kinder ist er ein Thron der Gnade, dem wir uns nun vertrauensvoll nähern, „damit wir Barmherzigkeit empfangen und Gnade finden zur rechtzeitigen Hilfe!“ (Hebräer 4,16). Und je sicherer wir uns dessen werden – dass Gott souverän über alle Dinge ist –, desto sicherer werden wir ihm in allem folgen und ihm alles anvertrauen.

Unsterblich, bis seine Arbeit getan ist

1866, als John Paton mit seiner Familie auf den Neuen Hebriden im Südpazifik (heute Vanuatu) ankam, ließ er sich bei einem Volk nieder, das für Kannibalismus, Kindermord und ein nicht enden wollendes Blutbad von Stammeskriegen bekannt war. Nach vier Jahren sahen sich Paton und ein Freund von einem Mob umzingelt, der auf Mord und eine Mahlzeit aus war. In diesen schrecklichen Momenten betete er und erinnerte sich daran, wer letztlich die Verantwortung für sein Leben trug:

> *Ich erkannte, dass ich unsterblich war, bis das Werk meines Meisters an mir vollendet war. Mir kam die Gewissheit, als hätte eine Stimme aus dem Himmel gesprochen, dass keine Muskete abgefeuert werden würde, um uns zu verwunden, kein Knüppel uns schlagen würde, kein Speer von der Hand, in der er schwingend gehalten wurde, auf uns geworfen würde, kein Pfeil den Bogen und kein tödlicher Stein die Finger verlassen würde, ohne die Erlaubnis von Jesus Christus.*[11]

Paton verlor bei dieser Begegnung all sein Hab und Gut, aber er kam mit dem Leben davon. Er lebte mit Zuversicht und war bereit, mit Zuversicht zu sterben, weil er wusste, dass es Gott war, der seine Tage souverän gezählt hatte (Psalm 139,16). Was ihm Frieden gab – und auch uns Frieden geben wird, wenn wir daran glauben –, ist nicht die Verheißung, dass alles nach unseren Wünschen laufen wird, sondern die Verheißung, dass Gott souverän ist über alles, was uns widerfährt. Die Realität von Gottes Souveränität ist das furchteinflößende, Mut machende und

Ausdauer erzeugende Gegenmittel für alles, was uns jemals Probleme bereiten könnte.

Eine Nachricht von unserem zukünftigen Ich

Wenn wir mit Zuversicht leben wollen, müssen wir viel, viel höher blicken als auf unseren eigenen Mut oder Einfallsreichtum. Wir müssen auf denselben Ort schauen, auf den auch der Rest des Himmels seinen Blick gerichtet hat:

> *Nach diesem sah ich: Und siehe, eine große Volksmenge, die niemand zählen konnte ... Und sie rufen mit lauter Stimme und sagen: Das Heil unserem Gott, der auf dem Thron sitzt, und dem Lamm! (Offenbarung 7,9-10)*

Man darf nicht vergessen, dass diese Worte an Christen geschrieben wurden, die am Ende des 1. Jahrhunderts unter der brutalen Herrschaft von Kaiser Domitian, der sich selbst als *Dominus et Deus* – „Herr und Gott" – bezeichnete, einer massiven und systematischen Verfolgung ausgesetzt waren. Was gibt der Apostel Johannes – der selbst aus dem Exil schrieb – diesen Christen mit auf den Weg, um den Schwierigkeiten ihrer Zeit zu begegnen? Er gibt ihnen eine Vision von Christus auf dem Thron. Er spricht den Gläubigen eine Vertrauen erweckende Botschaft von ihrem zukünftigen Selbst zu. Und die Botschaft der großen erlösten Schar – die laut und triumphierend aus der Umgebung des Throns kommt – wird ohne jeden Zweifel gesungen: „Das Heil gehört unserem Gott, der auf dem Thron sitzt." Das war die ganze Zeit Gottes Mission. Jede seiner Verheißungen wurde erfüllt. Jedes seiner Ziele wurde verwirklicht. Und kein Verlust, der erlitten wurde, kein Gebet, das gesprochen wurde, und kein Risiko, das die Seinen eingingen, war je vergeblich.

Worauf werden Sie sich stützen, wenn dunkle Tage kommen? Oder anders gefragt: Wie groß ist Ihre Sicht von Gott? Ihre Überzeugung von der Souveränität Gottes hat ganz praktische Auswirkungen. Denn es werden Tage kommen, die Sie zu Boden werfen. Es tauchen Situationen am Horizont auf, die Sie noch nicht kennen und die Ihnen zeigen werden, wie wenig souverän Sie sind. Enttäuschungen werden ihre Spuren hinterlassen, Verzweiflung wird sich um Ihr Herz schlingen, Krankheit wird Ihre Familie berauben, der Tod wird ohne Vorwarnung zuschlagen. Wohin werden Sie blicken, wenn sich der Himmel schwarz färbt?

Ich sage es Ihnen: Blicken Sie nach oben!

So wie die Sonne mit ununterbrochener Beständigkeit über den Wolken am Himmel scheint, so regiert Christus über jede schwierige Situation. Wenn Gott die oberste Autorität ist, brauchen wir uns nicht von unseren Ängsten gefangen halten zu lassen, denn unser Leben ist sicher in den Händen eines liebenden Vaters, der auch der König ist. Petrus sagt uns: „Demütigt euch nun unter die mächtige Hand Gottes ... indem ihr alle eure Sorge auf ihn werft! Denn er ist besorgt für euch“ (1. Petrus 5,6-7). Er lädt uns ein, all unsere Ängste an den Gott abzugeben, der sich um uns kümmert und der tatsächlich etwas gegen sie tun kann.

Wo in Ihrem Leben müssen Sie glauben, dass Gott auch darüber souverän ist? Wo müssen Sie die Lehre von der Souveränität Gottes verinnerlichen, damit Sie alles loslassen können, was Sie ängstigt?

Der auferstandene Jesus ist souverän über alles. Sie können ihm mit absoluter Sicherheit in allem folgen.

Vertiefende Fragen Und Anwendung

1. Denken Sie über die Aussage nach: „Jeder Christ ist ein genesender Kontrollfreak." In welchen Bereichen trifft das noch immer auf Sie zu?

2. Wie hilft Ihnen eine umfassendere Sicht von Gottes Herrschaft dabei, zur Ruhe zu kommen?

3. Welche konkreten Ängste können Sie loslassen, wenn Sie die Wahrheit von Gottes Souveränität verinnerlichen?

4. Inwiefern ermutigt Sie das Wissen, dass Jesus souverän über seine Mission ist, dazu, mit täglicher Entschlossenheit Ihren Auftrag zu erfüllen, das Evangelium weiterzugeben, Ihren Nächsten zu lieben und Jünger zu machen?

3

Gott ist unübertroffen: Die Erfahrung, Schwäche anzunehmen

„Gott hat die Welt aus dem Nichts geschaffen,
und solange wir nichts sind, kann er etwas aus uns machen.“
Martin Luther

Es gibt eine universelle Wahrheit: Menschen fühlen sich nicht gerne hilflos. Kein bisschen. Wir sehnen uns nach Stärke. Wir geben uns lieber der Illusion hin, unser Leben im Griff zu haben, als zuzugeben, dass wir bedürftig, begrenzt und schwach sind. Macht zu haben fühlt sich einfach so *richtig* an.

Außerdem scheint uns eine sanfte, unwiderstehliche Stimme zu sagen: „Du würdest, wenn du dich auf nur dich selbst verlassen würdest, den anderen und Gott nicht länger zur Last fallen, oder? Wäre das nicht eine bessere Art zu leben?“

Wenn Sie diese Worte jemals tief in sich gespürt haben, dann haben Sie das Flüstern der Schlange vernommen. Der Wunsch, sich von den Grenzen der geschöpflichen Abhängigkeit zu befreien, hat die Welt zerbrochen. Wir brauchen uns also nicht vor unserer Kleinheit zu fürchten. Erst wenn wir anerkennen, dass Gott unübertroffen mächtig ist, beginnen wir, die Welt um uns herum klar zu sehen und richtig in ihr zu leben. Denn wenn Gott allmächtig ist, können wir endlich ehrlich zu uns selbst sein und aufhören, so zu tun, als wären wir selbst allmächtig.

Gott ist unübertroffen

Wenn wir von Rivalen sprechen, stellen wir uns in der Regel zwei gleich starke Personen oder Teams vor, die in einem einigermaßen ausgeglichenen Wettbewerb gegeneinander antreten. Sie sind Rivalen, weil sie in der gleichen Liga spielen – jeder von ihnen könnte gewinnen. Aber wenn wir Gott als unübertroffen beschreiben, geben wir damit zu, dass er in seiner eigenen Liga spielt. Er hat alle Macht – er ist „allmächtig". Während sich die Souveränität Gottes auf die Autorität seiner Herrschaft bezieht, beschreibt die Allmacht Gottes seine Macht, die Ziele dieser Herrschaft zu verwirklichen. Er hat alle Macht, weshalb er in der Heiligen Schrift immer wieder als „allmächtig" bezeichnet wird.

Um es klar zu sagen: Wenn es um Macht geht, hat Gott keinen Rivalen. Nehmen wir an, wir würden ein Spiel mit Gegensätzen spielen, bei dem ich Sie bitte, das direkte Gegenteil eines Wortes zu nennen – „Junge" (Mädchen), „Hund" (Katze), „Brokkoli" (Glück) und so weiter. Wenn ich Sie dann fragen würde, was das Gegenteil von „Gott" ist, würden Sie vielleicht instinktiv mit „Satan" antworten. Aber das wäre ein Irrtum. Das Gegenteil von Satan – diesem bösen, gefallenen Engel – wäre ein anderer Engel, ein anderes geschaffenes Wesen.

Das Gegenteil von Gott ist das Nichts:

> *Mit wem wollt ihr mich vergleichen und gleichstellen und mich ähnlich machen, dass wir uns gleichen? (Jesaja 46,5)*

Gott hat keinen ihm Ebenbürtigen, das heißt, Gott hat kein Gegenüber, das es mit ihm aufnehmen könnte, keinen Rivalen seiner Macht, keinen Konkurrenten um seinen Thron. Satan mag sich zwar rebellisch gegen die Absichten Gottes stellen, aber seine böse Kraft ist begrenzt, während die Kraft des allmächtigen Gottes grenzenlos ist. Zählt man all die Kraft, den Glanz und die Schlauheit eines jeden Menschen, einer jeden Gesellschaft, einer jeden Institution und einer jeden Nation zusammen, so ist das nicht mehr als ein Tropfen in einem Eimer oder ein Staubkorn auf einer Waage (Jesaja 40,15). Oder noch unverblümter ausgedrückt: „Alle Nationen sind wie nichts vor ihm und gelten ihm als nichtig und leer“ (Jesaja 40,17). Jesaja sagt, dass die geballte Kraft der Menschheit, die sich gegen Gott stellt, ein Rückschritt ist. Ein Minusfaktor. Das ist so, als würde man ein Gewitter mit einem Metallstab bekämpfen oder einen Tornado mit einem Drachen.

Unbegrenzte Macht bedeutet, dass Gott nie von einer Aufgabe ermüdet, von einem Problem verwirrt oder von der Verantwortung seiner Souveränität erschöpft ist. Wenn Gott „den Ohnmächtigen ... Stärke“ gibt (Jesaja 40,29), wird er selbst dabei nicht ärmer und der Empfänger dennoch reicher. Gott verbraucht keine Energie, die wieder aufgefüllt werden muss; er ist die unversiegbare Energiequelle. Es ist für ihn genauso einfach, eine Milliarde Galaxien zu erschaffen wie einen Grashalm. Der Prophet führt weiter aus:

Hast du es nicht erkannt, oder hast du es nicht gehört? Ein ewiger Gott ist der HERR, der Schöpfer der Enden der Erde. Er ermüdet nicht und ermattet nicht, unergründlich ist seine Einsicht. Er gibt dem Müden Kraft und dem Ohnmächtigen mehrt er die Stärke. Jünglinge ermüden und ermatten, und junge Männer straucheln und stürzen. Aber die auf den HERRN hoffen, gewinnen neue Kraft; sie heben die Schwingen empor wie die Adler, sie laufen und ermatten nicht, sie gehen und ermüden nicht. (Jesaja 40,28-31)

Wenn Gott in seiner Macht begrenzt wäre, dann hätten wir Grund zur Sorge. Was, wenn Gott auf ein Problem oder einen Feind stößt, der stärker ist als er? Aber Gott antwortet uns: Wer in der ganzen Welt könnte auf diese Beschreibung passen? Gottes Allmacht ist eine gute Nachricht für alle, die ihn lieben. Wir können darauf vertrauen, dass keine Bosheit zu groß für Gottes Barmherzigkeit ist, kein Hindernis zu groß für seine Weisheit, kein Herz zu hart, als dass Gottes Liebe es nicht überwinden könnte. Nichts ist für ihn zu kompliziert. Keine Situation ist ihm zu schwierig. Niemand ist zu weit von ihm entfernt. Er ist in der Lage, genau das zu erreichen, was er zu erreichen beabsichtigt. Er ist El-Schaddai – der Gott, der allmächtig ist.

Die Aufwärtsbewegung des Todes

Ist es angesichts der Macht von Gottes unübertroffener Göttlichkeit ein Wunder, dass die Heilige Schrift uns immer wieder warnt: „Gott widersteht den Hochmütigen“ (Jakobus 4,6; siehe auch 1. Petrus 5,5; Sprüche 16,5; Jesaja 2,12; Jeremia 50,31; Daniel 4,37)? Er wendet sich gegen das, was für uns tödlich ist, und unser ständiges Streben nach Ruhm und Macht ist ebenso zerstörerisch wie dämonisch. Alles begann damit, dass Luzifer nach Gottes Thron griff und sich der strahlende Engel in den dunklen Teufel verwandelte. Adam und Eva folgten Satans Hunger nach Ruhm, als sie sich durch eine verbotene Frucht Gottes Wissen aneignen wollten und damit die gesamte Schöpfung zerstörten.

Die Erbauer von Babel griffen nach dem Himmel und wurden in den Staub gedemütigt. Im Buch Esther strebte Haman nach einer hohen Position und nach Macht, nur um festzustellen, dass am oberen Ende der Treppe der Selbsterhöhung keine Krone, sondern eine Schlinge auf ihn wartete. Der babylonische König Nebukadnezar strebte nach einer Herrlichkeit, vor der ihn Gott in einem Traum gewarnt hatte, und tauschte das Leben im Palast gegen ein Leben unter den Tieren des Feldes ein. Keiner „fällt" in die Hölle. Ohne Christus rücken wir ihr jedes Mal ein bisschen näher, wenn wir in die Höhe reichen und eine gestohlene Herrlichkeit erhaschen wollen. C. S. Lewis schreibt:

> *In Gott begegnen wir etwas, das uns in jeder Hinsicht unendlich überlegen ist. Nur wenn wir dies akzeptieren und unsere eigene Nichtigkeit Gott gegenüber erkennen, wissen wir, wer Gott ist. Solange wir in unserem Hochmut verharren, können wir Gott nicht erkennen. Der Hochmütige schaut immer auf Menschen und Dinge herab; aber solange wir herabschauen, können wir nicht sehen, was über uns ist.*[12]

Bemerken Sie das auch bei sich selbst? Wir sehen fast täglich auf andere herab. So funktioniert der Stolz; er vergleicht ständig; er sucht ständig nach Ruhm, der daraus entsteht, dass wir uns über andere erheben. Und Lewis sagt: Diese Art zu leben wird uns zerstören. Wenn wir nach dem Ruhm greifen, bringen wir früher oder später unweigerlich eine Faust voller Elend zurück. Aber wenn wir unsere Schwäche annehmen und uns abfinden mit dem, was wir sind, im Bewusstsein dessen, was Gott ist, wenn wir uns mit Johannes dem Täufer demütigen in der Überzeugung, dass Jesus „wachsen ..., ich aber abnehmen" muss

(Johannes 3,30), dann werden wir in der Tiefe am lebendigsten und am meisten zu uns selbst. Denn der Weg Jesu führt uns in die Tiefe, wenn wir nur bereit sind, ihm dorthin zu folgen.

„Gott widersteht den Hochmütigen“, aber, wie Jakobus fortfährt, „*den Demütigen* [...] gibt er Gnade“ (Jak 4,6b). In der Niedrigkeit der Demut werden wir tatsächlich lebendig.

Demut: der absteigende Weg des Lebens

Was bedeutet es, wirklich demütig zu sein? Demut ist ein Leben, das in rechter Weise vor Gott gelebt wird, indem wir immer mehr erkennen, dass nicht wir im Mittelpunkt des Lebens stehen, sondern Gott. Es ist sehr wichtig festzuhalten: Demut bedeutet nicht, dass wir uns selbst verabscheuen, sondern dass wir uns auf Gott konzentrieren. Es ist kein Selbsthass, sondern Selbstvergessenheit.

Denken Sie einmal darüber nach: Haben Sie jemals einen anderen Christen erlebt, der nicht damit beschäftigt war, sich Ihnen gegenüber zu beweisen oder Sie zu beeindrucken; jemanden, der einfach nur echtes Interesse an Ihnen zeigte? So jemand lebt in der Freiheit, die nur aus der Demut erwächst. Und das Fehlen von Selbstdarstellung und Selbstvermarktung ist für Ihre Seele wie eine Brise frische Bergluft. Weil solche Menschen in Christus geborgen sind, versuchen sie nicht, Sie zu beeindrucken. Und weil sie nicht mehr versuchen, Sie zu beeindrucken, sind sie frei, Sie aufrichtig zu lieben. Nach einer solchen Begegnung haben Sie das Gefühl, gerade in gewissem Sinn Christus selbst erfahren zu haben. Und genau das haben Sie.

Aber Demut direkt anzustreben wäre völlig verfehlt – wir würden nur stolz auf unser Streben werden! Die einzige Möglichkeit, demütiger zu werden, besteht darin, den Blick von uns selbst abzuwenden und ihn allein auf Jesus zu richten. Wie ein Autor formuliert:

> *Wenn wir auf unsere Demut schauen, vertreiben wir sie; wenn wir den Blick aber auf den unendlich lieben Gott, der sich in Christus offenbart hat, richten, tritt die Demut durch die Hintertür des Herzens ein.*[13]

Also lassen Sie uns gemeinsam auf ihn blicken!

Der Löwe, der das Lamm ist

Jesus ist Gottes vollkommenes Bild von Stärke, die in der Schwäche enthalten ist. In Offenbarung 5 malt Johannes ein atemberaubendes himmlisches Bild dieser göttlichen Spannung. In einer Vision wird dem Johannes gesagt: „Siehe, es hat überwunden der Löwe aus dem Stamm Juda“ (Offenbarung 5,5). Doch als er hinblickt, sieht er gar keinen Löwen: „Und ich sah inmitten des Thrones [...] ein Lamm stehen wie geschlachtet“ (V. 6). Jesus ist sowohl der Löwe, der gesiegt hat, als auch das Lamm, das geschlachtet wurde.

Bei einem Löwen denken wir an Edelmut. An Majestät. In Jesus sehen wir unvergleichliche Macht, unvergleichliche Herrlichkeit und unvergleichliche Stärke. Er ist derjenige, der von Augenblick zu Augenblick „alle Dinge durch das Wort seiner Macht trägt“ (Hebräer 1,3). Er ist die vollkommene Verkörperung von „Gottes Kraft und Gottes Weisheit“ (1. Korinther 1,24). Er hat einen Namen, der weit über jedem anderen Namen steht, und eine Macht, die jede andere Macht übersteigt (Epheser 1,21).

Aber er war auch das Lamm, das bereitwillig ans Kreuz ging, um sich für uns zu opfern. Und die ganze Zeit über wurde er verspottet: *Wenn du wirklich der Messias bist, dann rette dich und rufe Engel herab!* Aber er gab keine Antwort. Er hauchte sein Leben aus und wurde in ein Grab gelegt. Seine Jünger verzweifelten. Und die Hölle feierte. Die Welt drehte sich weiter ruhig vor sich hin, als hätte das Leben Jesu keinerlei Bedeutung gehabt. Wenn wir an ein Lamm denken, denken wir an Schwäche.

Aber am dritten Tag wurde das „Lamm, das geschlachtet wurde" von Tode auferweckt! In Jesus sehen wir den Sieg, der durch das Sterben errungen wurde, und die Macht, die sich durch Demut zeigt. Diese Dynamik sehen wir ständig in Büchern und Filmen – wenn das böse Reich des dunklen Herrschers durch einen kleinen Hobbit gestürzt wird. Wir feiern sie in der Geschichte – als ein schwarzer Prediger ein von der Regierung unterstütztes System des Rassismus durch gewaltlosen Widerstand zerschlug. Und wenn schon diese Geschichten unsere Herzen erregen, wie viel mehr dann der Gipfel der Macht Gottes, die durch die Niedrigkeit eines Kreuzes offenbart wird? Wie kann das sein? „Denn das Törichte Gottes ist weiser als die Menschen, und das Schwache Gottes ist stärker als die Menschen" (1. Korinther 1,25). Das vergossene Blut Jesu wird entgegen allem Anschein zum Grund für unsere Vergebung, zum Mittel für unseren Sieg und zum Inhalt unserer frohen Botschaft (Offenbarung 12,11).

Majestät und Schwäche. Ist es da ein Wunder, dass Johannes von unzähligen Stimmen berichtet, die laut rufen: „Würdig ist das Lamm, das geschlachtet worden ist, zu nehmen die Macht …"

(Offenbarung 5,12)? Nur in Jesus wohnen vollendete Macht und vollendete Demut in vollkommener Harmonie zusammen.

Jesus besitzt nicht nur die mächtige Kraft, die wir brauchen, sondern er zeigt uns auch, wie der Weg der Schwäche der Weg in diese Kraft ist. Er sagt: „Jeder, der sich selbst erhöht, wird erniedrigt werden; wer aber sich selbst erniedrigt, wird erhöht werden" (Lukas 18,14). Warum wird dieser biblische Grundsatz im Alten und Neuen Testament so häufig wiederholt und ist so wichtig für eine rechte Gotteserfahrung? Lesen Sie diesen Vers noch einmal langsam! Die erste Hälfte zeigt den Weg des ersten Adams, der zum Tod führt, während die zweite Hälfte den Weg des zweiten Adams – Christus – zeigt, der zum Leben führt.

Die Tür des Stolzes sieht aus wie eine königliche Beförderung, aber sie führt in eine Gefängniszelle. Die Tür der Demut sieht wie eine Einschränkung aus, aber sie öffnet sich zu einem ewigen Horizont der Freiheit.

Unser Zuhause im Tiefland

Ihre Schwäche ist also keine Unannehmlichkeit, die es zu vermeiden gilt. Im Gegenteil, sie ist die blutbefleckte Tür, die Ihr Erlöser geöffnet hat und die Sie in ein Leben führt, das von der Kraft des Geistes und der Stärke des allmächtigen Gottes geprägt ist. Gott begegnet Ihnen in der Niedrigkeit. Demut ist der heilige Boden, auf dem Sie dem Gott der Macht auf eine Weise begegnen können, die Sie nicht zerstört, sondern neu belebt:

„Denn so spricht der Hohe und Erhabene, der in Ewigkeit wohnt und dessen Name der Heilige ist: In der Höhe und im

Heiligen wohne ich und bei dem, der zerschlagenen und gebeugten Geistes ist, um zu beleben den Geist der Gebeugten und zu beleben das Herz der Zerschlagenen." (Jesaja 57,15)

Gott wohnt „in der Höhe und im Heiligen". Beachten Sie, dass er allein dort wohnt, er, der hoch und erhaben ist, völlig unübertroffen. Dieser Ort zieht die selbstmörderischen Tendenzen unserer Sünde – unseren Stolz – an wie das Licht die Motten. Aber es gibt noch einen anderen Ort, an dem der Gott der unendlichen Kraft wohnt: „bei dem, der zerschlagenen und gebeugten Geistes ist." Wenn wir unsere geschöpfliche Begrenztheit annehmen, belebt Gott uns mit seiner Kraft. Wir brauchen also keine Angst vor Schwäche zu haben. Das ist unser Evangelium – eine Superkraft.

Der letzte Brief, den der Pfarrer John Wesley im 18. Jahrhundert sechs Tage vor seinem Tod schrieb, war an einen jungen Mann mit Namen Wilberforce gerichtet. Der ältere Wesley schrieb an den jungen Wilberforce, der vor der schier unmöglichen Aufgabe stand, das Übel des Sklavenhandels abzuschaffen:

Wenn Gott dich nicht genau dazu auserwählt hat, wirst du durch den Widerstand der Menschen und des Teufels aufgerieben werden; wenn aber Gott für dich ist, wer kann dann gegen dich sein? Sind sie alle zusammen stärker als Gott? … Geh weiter, im Namen Gottes und in der Kraft seiner Macht![14]

Wir haben vielleicht nicht die gleiche Aufgabe vor uns wie Wilberforce. Aber wir haben denselben Gott hinter uns. Wofür also fühlen Sie sich zu erschöpft, um es zu erreichen? Wo scheinen die Hindernisse oder Widerstände einfach unüberwindbar zu sein? „Geht weiter, im Namen Gottes und in der Kraft seiner Macht!"

Die Schwachheit des Gebets annehmen

Das Neue Testament spricht auch zu denen unter uns, die dazu neigen, sich ihrer selbst zu sicher zu sein. Vielleicht ist bei vielen von uns das größte Anzeichen für Stolz im Herzen nicht, dass wir prahlen, sondern dass wir nicht mehr beten. Wir machen Stolz oft an ganz offensichtlichen Dingen fest wie Prahlerei, Angeberei und Einbildung. Aber wenn ich genau wissen will, in welchem Ausmaß ich mich in meinem Leben auf mich selbst verlasse, brauche ich bloß in den Spiegel meines Gebetslebens zu gucken.

Sich für das Leben als Christ auf seine eigene Klugheit zu verlassen, ist wie der Versuch, mit einem Segelflugzeug die Welt zu umrunden. Es fliegt wohl eine Weile, aber es ist absehbar, dass es irgendwann abstürzt. Gebet hingegen ist das von Gott souverän eingesetzte Mittel, um unsere unendliche Bedürftigkeit mit Gottes unendlicher Macht zu verbinden. Mithilfe des Gebets verwirklicht Gott seine unvermeidlichen Absichten durch das Leben schwacher, abhängiger Menschen wie Sie und ich. Wenn es in unserem Leben kein abhängiges Gebet gibt, dann gibt es auch keine göttliche Kraft. Was ist es – groß oder klein –, das Ihr Herz heute belastet? Haben Sie darüber gebetet? Oder haben Sie nur darüber nachgedacht, sich darüber Sorgen gemacht oder das Handtuch geworfen? Gebet ist kein nebensächlicher Gedanke für diejenigen, die ihr Leben größtenteils im Griff haben und nur bei den wirklich schwierigen Dingen Unterstützung benötigen. Gebet ist das tägliche Brot für Hungernde und Sauerstoff für Ertrinkende. Und wenn das nicht Anreiz genug ist, die „Schwäche" des Gebets anzunehmen, erinnert uns Gott in Römer 8,26-27 daran, dass sich „auch der Geist [...] unserer Schwachheit" annimmt. Selbst wenn der menschliche Wortschatz erschöpft ist, bleibt die Hilfe des Geistes nicht aus. Wenn unsere Worte auf ein bloßes Seufzen in Richtung Gott reduziert werden, hört der Geist selbst das darin verborgene Gebet und „verwendet sich für Heilige Gott gemäß“. Kein Wunder, dass J. I. Packer uns daran erinnert: „Ärgere dich nicht; bete einfach! Gott repariert unsere Gebete auf dem Weg nach oben! Wenn er das Gebet, das wir gesprochen haben, nicht erhört, wird er das Gebet erhören, das wir hätten sprechen sollen. Das ist alles, was man wissen muss.“[15]

Fröhlich dem Ende unseres Selbst entgegengehen

Hier finden wir eines der großen Paradoxe des Reiches Gottes. Wir können nicht erfolgreich sein, ohne an den Punkt der Demut zu gelangen, an dem wir erkennen: Ich kann das nicht. Warum geben wir das also nicht einfach zu? Wir haben nichts zu verlieren außer unserer hohen Meinung von uns selbst. Und die hätte uns sowieso zerstört. Unser Problem ist nicht unsere Schwäche, sondern eine selbstsichere Klugheit, die uns davon abhält, uns auf Gott zu verlassen. Es ist unsere scheinbare Stärke – unsere Abhängigkeit von unseren eigenen Fähigkeiten –, die uns die Tür zu Gottes Macht in unserem Leben verschließt. Das ist es, was der Theologe Francis Schaeffer als das zentrale Problem von Christen in unserer Zeit (auch von denen mit guter Theologie) beschrieb: unsere Tendenz, „das Werk des Herrn in der Kraft des Fleisches statt in der Kraft des Geistes zu tun“.[16]

Wir alle haben zwei Möglichkeiten: Wir können so tun, als wären wir beeindruckender, als wir sind. Oder wir können uns unsere Schwachheit zu eigen machen, uns in der Niedrigkeit einrichten und eine geistige Armut kultivieren, die Gott, dem

Heiligen Geist, Raum gibt, uns zu erneuern und zu zeigen, was nur er tun kann. An dem Ort, an dem wir unsere Schwäche bekennen, offenbart Gott seine unaufhaltsame Macht. Jede Prüfung, jeder Druck und alles Böse, dem Sie gegenüberstehen, sind kleiner als der Gott, der Sie geschaffen hat und Sie liebt.

Wenn wir von der unübertroffenen Macht Gottes so überzeugt sind, dass wir unsere geschöpfliche Abhängigkeit annehmen und mit Freude ans Ende unseres eigenen Selbst kommen, können auch wir sagen: „Sehr gerne will ich mich nun vielmehr meiner Schwachheiten rühmen, damit die Kraft Christi bei mir wohnt" (2. Korinther 12,9b).

Ist das keine gute Nachricht? Gott will nicht Ihre Stärke. Die wollte er nie und wird er auch nie wollen.

Er will Ihnen seine geben.

Vertiefende Fragen Und Anwendung

1. Auf welche Weise sind Sie versucht, den „hohen Platz" des Stolzes einzunehmen statt den „niedrigen Platz" der Demut?

2. Nennen Sie ein oder zwei konkrete Bereiche in Ihrem Leben, in denen Sie vielleicht versucht haben, durch eigene Klugheit Fortschritte zu machen, und von denen Sie spüren, dass Gott möchte, dass Sie sie ihm im Gebet vorlegen?

3. Inwiefern befreit uns die Erkenntnis von Gottes Allmacht davon, andere Menschen ständig beeindrucken zu wollen?

4

Gott ist nie weit weg: Die Erfahrung des Mutes

„Das Einzige, was wir Gott schulden, ist, niemals Angst vor irgendetwas zu haben."
Charles de Foucauld

Als ich an einem warmen Sommerabend mit meiner Familie nach Hause fuhr, sahen wir eine monströse Python, die kaum 100 Meter von unserem Haus entfernt die Straße überquerte. Wir leben in Australien, Schlangen sind also nichts Ungewöhnliches. Aber diese hier war etwas ganz Besonderes: Ihr langer, gemusterter Körper überspannte fast die gesamte Breite der Straße. Ich parkte schnell das Auto, und natürlich eilten wir alle sieben herbei, um sie uns näher anzusehen. Meine vierjährigen Zwillinge legten ihre kleinen Hände in meine und schöpften Mut aus meiner Gegenwart. Da die Sonne unterging, wurde es immer dunkler, und nachdem wir sie aus einer (einigermaßen) sicheren Entfernung beobachtet hatten, machten wir uns auf den Weg zurück zu unserem Haus. Auf dem Weg dorthin forderte mich mein Ältester zu einem Wettlauf bis zur Haustür heraus. Da ich noch nie einen Wettkampf abgelehnt habe, nahm ich an. Das Verhandeln begann. Ich gewährte ihnen einen Vorsprung.

Und schon rannten alle los in Richtung unserer Einfahrt.

Es hat etwas herrlich Klägliches, wenn ein erwachsener Mann, der nicht in Form ist, mit Armen und Beinen rudernd an einer Gruppe von Kindern vorbeiprescht, mit denen er um die Wette läuft. Aber da war ich nun, schamlos und triumphierend unsere Einfahrt entlanglaufend, die Arme erhoben, als hätte ich gerade Usain Bolt von seinem Podium entthront.

Das süße Gefühl des Sieges währte jedoch nur kurz.

Dann durchdrang der angsterfüllte Schrei eines Kindes die Nacht.

Ein Schrei, wie man ihn in Horrorfilmen hört; ein Schrei, bei denen Eltern schier das Herz stehen bleibt. Ich drehte mich schnell um und eilte in Richtung des Geräusches. Es war Elyana, unsere jüngste Tochter, die den Hügel so schnell hinaufflog, wie ihre kleinen, vierjährigen Beine sie trugen. Tränen liefen ihr übers Gesicht, ihre Augen waren vor Panik geweitet. Da sie heftig schluchzte, nahm ich sie in die Arme und erfuhr nach und nach, was geschehen war.

Sie hatte nicht gemerkt, dass wir ein Rennen veranstalteten.

Auf dem kurzen Weg zum Haus blickte sie gedankenverloren auf und sah, wie alle ihre älteren Geschwister so schnell wie möglich davonliefen, gefolgt von ihrem Vater. Und natürlich schloss ihr vierjähriger Verstand daraus: „DIE RIESENSCHLANGE KOMMT!“

Im Bruchteil einer Sekunde dämmerte es ihr: Sie war an letzter Stelle. Kein Wunder, dass sie vor Angst schrie.

Während ich sie festhielt, wurden meine Augen feucht. Ich fühlte mich, als hätte man mir das Herz aus dem Leib gerissen, als mir klar wurde, was ihr durch den Kopf gegangen sein musste. Es war ein kostbarer Moment, als ich es ihr liebevoll zu erklären versuchte: *Nein, Süße, ich würde dich nie im Stich lassen. Wenn Gefahr droht, stellt sich Papa zwischen dich und die Gefahr und läuft nicht vor ihr weg. Wenn du bei mir bist, brauchst du keine Angst zu haben.* Schließlich versiegten ihre

Tränen. Und in den Armen ihres Vaters verflüchtigten sich auch ihre Ängste.

Wie viele von uns entdeckt haben, ändert sich alles, wenn wir in der Gegenwart von jemandem sind, der stärker ist als wir und der uns liebt.

Gott ist immer nah

Zu den vielen Ausdrücken, die der große Theologe Francis Schaeffer im 20. Jahrhundert in die Welt gesetzt hat, gehört die Rede von „dem Gott, der wirklich da ist". Wo auch immer dieses „da" ist, Gott ist dort. Weil Gott nicht auf einen Körper beschränkt ist und weil er allein unendlich ist, gibt es keinen Raum, in dem er nicht ist. Er ist allgegenwärtig. Es gibt kein Molekül des physischen oder spirituellen Universums, das sich seinem „Da-Sein" entzieht. David hatte ein Gefühl für Gottes unbegrenzte Allgegenwart, als er Teile des Psalms 139 verfasste:

Wohin sollte ich gehen vor deinem Geist,
wohin fliehen vor deinem Angesicht?
Stiege ich zum Himmel hinauf, so bist du da.
Bettete ich mich in dem Scheol, siehe, du bist da.
Erhöbe ich die Flügel der Morgenröte,
ließe ich mich nieder am äußersten Ende des Meeres,
auch dort würde deine Hand mich leiten
und deine Rechte mich fassen.
Und spräche ich: Nur Finsternis möge mich verbergen
und Nacht sei das Licht um mich her:
Auch Finsternis würde vor dir nicht verfinstern,

und die Nacht würde leuchten wie der Tag,
die Finsternis wäre wie das Licht.
(Psalm 139,7-12)

Der britische Prediger Charles Spurgeon erzählte die Geschichte eines Atheisten, der auf ein Stück Papier schrieb: „Gott ist nirgendwo" (engl. *God is nowhere*), und dann sein Kind anwies, es zu lesen. Das Kind las es laut als „Gott ist jetzt hier" (engl. *God is now here*) vor. „Es war die Wahrheit statt einer Lüge, und sie durchbohrte das Herz des Mannes und führte ihn schließlich zu Christus. Für das rebellische Herz ist die in Psalm 139 beschriebene Allgegenwart Gottes verständlicherweise beunruhigend – Gott ist überall und sieht alles. Nichts entgeht seinem Blick. Aber diejenigen, die ihn lieben, sich nach ihm sehnen und mit dem Psalmisten ausrufen: „Gott zu nahen ist mir gut" (Psalm 73,28) , werden durch seine Allgegenwart getröstet und bekommen zugleich neuen Mut. Denn wenn Gott überall ist, ist er auch immer nahe.

Aber wir können noch tiefer gehen. Gott ist nicht nur grenzenlos gegenwärtig, er hat auch keine zeitlichen Grenzen; er bewohnt gleichzeitig jeden Ort im Universum und jeden Punkt in dem, was wir „Zeit" nennen. Er ist „das Alpha und das Omega [...] der ist und der war und der kommt, der Allmächtige" (Offenbarung 1,8). Er ist an jedem Ort und zu jeder Zeit – in der Vergangenheit, in der Gegenwart und in der Zukunft.

Dieses allgegenwärtige Gefühl der Nähe Gottes wird als seine Immanenz bezeichnet. Gott ist, wie Tozer beschreibt, „allem nahe, jedem nahe und durch Jesus Christus jedem liebenden Herzen unmittelbar zugänglich.[17] Unabhängig davon, wie wir uns in einem bestimmten Moment fühlen, ist Gott „nicht fern [...] von jedem von uns" (Apostelgeschichte 17,27).

Jesus: Gott mit uns

In Christus ist Gott zu uns gekommen. Denken Sie einmal darüber nach! Wir feiern zwar jedes Jahr im Dezember die Menschwerdung Jesu, aber die brisante Bedeutung dieses Ereignisses für unser Leben kann bei all den Planungen, Feiern und Geschenken leicht übersehen werden.

In der Inkarnation hat der Schöpfer, der alle Dinge erfüllt, die Begrenzungen eines Körpers angenommen.

Der Allmächtige hüllte sich in Verletzlichkeit.

Der Unendliche kleidete sich in Endlichkeit.

Der Autor wurde zur Figur in seiner eigenen Geschichte.

Irgendein Ereignis in der Geschichte mit dem zu vergleichen, was an jenem ersten Weihnachten geschah, wäre so, als würde man eine billige Taschenlampe neben die blendende Helligkeit der Sonne halten. Das Heil kam zu uns in einem Säugling, der älter war als seine Eltern und das geschaffene Universum. In Christus hat sich der unsterbliche Gott, der ein unzugängliches Licht bewohnt (1. Timotheus 6,16), sichtbar und zugänglich gemacht. Jesus tauschte die Herrlichkeit des Himmels gegen einen muffigen Stall in Bethlehem. Und das alles, um die Botschaft zu vermitteln, die Gott seinem Volk schon im Alten Testament immer wieder gesagt hatte: Ich bin mit euch.

Die Menschwerdung zeigt, dass Gott nicht unnahbar ist. Seine Verheißungen sind wahr. Er ist nahe, und er will, dass wir das wissen und unser Leben darauf gründen. Es ist die Wahrheit, die wir am dringendsten wissen müssen, die wir am häufigsten vergessen und die uns ermutigt, uns allem zu stellen.

Gott will uns dies sogar so deutlich machen, dass er das erste Buch des Neuen Testaments mit denselben Worten beginnt und beendet. In Matthäus 1 kommt Jesus zu uns als „Immanuel" (was bedeutet: *Gott mit uns;* Matthäus 1,23). In Matthäus 28, kurz bevor Jesus in den Himmel auffährt, gibt der Auferstandene seinen Jüngern den Auftrag: „Geht nun hin und macht alle Nationen zu Jüngern", eine Mission, die fast alle von ihnen das Leben kosten wird. Aber er schließt daran die Verheißung an: „Und siehe, *ich bin bei euch alle Tage* bis zur Vollendung des Zeitalters" (Matthäus 28,19-20), und erklärt damit, dass er dableibt, auch wenn er weggeht. Er wird weiterhin nahe sein. Er ist immer noch Immanuel – Gott mit uns –, der unsere menschliche Erfahrung von innen heraus kennt.

Aber es kommt noch besser ...

Der Heilige Geist: Gott in uns

Für Christen ist Gott nicht nur durch seine Allgegenwart in unserer Nähe und durch die Person, das Werk und die Verheißungen Jesu bei uns, sondern er wohnt auch durch den Heiligen Geist in uns. Der Christ hat nicht nur Gott *um* sich und *bei* sich, sondern auch *in* sich! Paulus erinnerte die Christen in Korinth: „Wisst ihr nicht, dass ihr Gottes Tempel seid und der Geist Gottes in euch wohnt?" (1. Korinther 3,16).

Hier liegt der Unterschied zwischen einem allgemeinen Gefühl der Nähe Gottes und einem besonderen Gefühl seiner Nähe durch den Heiligen Geist. Dies erklärt, warum die Heilige Schrift Gott als „fern [...] von den Gottlosen" (Sprüche 15,29) beschreibt, Christen dagegen als diejenigen, die „einst fern waren", aber jetzt „durch das Blut des Christus nahe geworden" sind (Epheser 2,13). Bei der Gottesferne geht es um keine räumliche

Entfernung, sondern um die Beziehungsdistanz aufgrund der Sünde. Deshalb, so Sam Storms, „erfordert die Annäherung an Gott keine Reise, sondern nur Reue, Glauben und Demut".[18]

Was für eine wunderbare, Mut machende Wahrheit: In jedem fehlerhaften, unvollkommenen Kind Gottes lebt dieselbe Kraft, die das Universum geformt und den Gekreuzigten mit der Auferstehungsherrlichkeit bekleidet hat. Lesen Sie einmal das majestätische achte Kapitel des Römerbriefs langsam durch und sehen Sie sich dabei an, wie großzügig der Geist uns zur Verfügung steht. Dadurch, dass der Heilige Geist in uns wohnt, erinnert Gott die Seinen beständig daran, dass er uns befreit (Römer 8,2), in uns wohnt (V. 9), uns leitet (V. 14), uns Zusagen gibt (V. 16), uns hilft und sich für uns verwendet (V. 26) und dass er für uns ist (V. 31). Deshalb kann Paulus das Kapitel mit der aufrüttelnden Erklärung beenden, dass die Gläubigen aus allen Schwierigkeiten und Nöten, denen wir ausgesetzt sind, siegreich hervorgehen werden, wenn sich der Staub gelegt hat:

> *Denn ich bin überzeugt, dass weder Tod noch Leben, weder Engel noch Gewalten, weder Gegenwärtiges noch Zukünftiges, noch Mächte, weder Höhe noch Tiefe, noch irgendein anderes Geschöpf uns wird scheiden können von der Liebe Gottes, die in Christus Jesus ist, unserem Herrn. (Römer 8,38-39)*

Das christliche Leben auf zwei Ebenen

Drei Worte am Ende von Römer 8 weisen uns auf eine vierte Ebene der Nähe Gottes hin, die uns mit unvergleichlicher Zuversicht in unserer Welt führen wird: „in Christus Jesus".

Nicht nur, dass Gott überall um uns herum ist ...

Nicht nur, dass Christus mit uns ist ...

Nicht nur, dass der Geist in uns ist ...

Aufgrund von Jesu Werk am Kreuz sind wir nun für immer „in Christus Jesus".

Das Neue Testament spricht (je nach Übersetzung) nur zwei- oder dreimal von „Christen", aber 80-mal davon, dass wir „in Christus" sind. Gott möchte also, dass wir uns in erster Linie als unveränderlich in Bezug auf unseren Standort in seiner Nähe verstehen.

Man kann sich das so vorstellen: Ich befinde mich gerade *in* einem Gebäude. Sie wahrscheinlich auch. Und diese Realität wird sich in den kommenden Tagen und Jahren mehrfach ändern, wenn wir verschiedene Gebäude betreten und sie wieder verlassen. Einerseits ändert sich unser Standort (in Bezug auf die Gebäude) ständig. Aber andererseits befinden wir uns im Sonnensystem. Und das ist eine Realität, die sich unser ganzes Leben lang nie ändern wird. In gleicher Weise leben Christen immer auf zwei Ebenen: Wir befinden uns in unseren sich ständig verändernden Umständen, aber auch, was noch wichtiger ist, in unserem sich nie verändernden Standort „in Christus Jesus". Vielleicht sind Sie der allgemeinen Überzeugung, dass „Gott überall" oder sogar „nahe" ist, aber haben Sie jemals innegehalten und überlegt, was es für Sie bedeutet, „in Christus Jesus" zu sein?

Gott will, dass dieser ewige und beständige Standort die Art und Weise prägt, wie Sie durch Ihre schwankenden Umstände navigieren. Wenn dunkle Tage kommen und Ihren Geist verfolgen, dann stellen Sie sich ihnen in Christus Jesus! Wenn Krankheit an Ihre Tür klopft, dann stellen Sie sich ihr in Jesus Christus! Und wenn Sie mit den großen und kleinen Sorgen des kommenden Monats konfrontiert werden, stellen Sie sich ihnen in Jesus Christus! Ja, es kann sein, dass Sie sich inmitten von Bedrängnissen oder Gefahren oder sogar in der Dunkelheit der Verzweiflung befinden, aber trotz allem sind Sie in Christus.

Einen Schluck irischen Mut (nicht das, was Sie jetzt denken)

Es war diese Vision von Gottes immanenter Gegenwart, die einen Großteil der frühen keltischen Erweckung im 5. Jahrhundert unter einem Mann namens Patrick vorantrieb. Als Teenager wurde er von feindlichen Kriegern aus seiner englischen Heimat entführt und lebte sechs Jahre lang als Sklave bei den Iren. Während dieser Zeit machte er sich den christlichen Glauben seiner Eltern zu eigen und unternahm eines Nachts einen gewagten Fluchtversuch. Er schaffte es, über die Irische See zurück nach England zu gelangen, wo er die nächsten Jahrzehnte mit dem Studium der Heiligen Schrift und dem Aufbau der Kirche verbrachte. Als er etwa 40 Jahre alt war, sprach Gott in einem Traum zu ihm und befahl ihm, nach Irland zurückzukehren, um das Evangelium zu predigen und Gemeinden zu gründen – als Missionar für ein Volk, das damals als gewalttätig, trunksüchtig und ungebildet galt und bei dem viele die Hoffnung aufgegeben hatten, es zu erreichen. Patrick gehorchte und verbrachte den Rest seines Lebens mutig im Dienst derer, die ihn einst versklavt hatten. Als er im Alter von 77 Jahren starb, hatte er bei der Gründung von über 300 Gemeinden mitgewirkt und erlebt, wie sich über 100 000 irische Männer und Frauen zu Christus bekehrt hatten und taufen ließen. In den schwierigen Jahren seines Dienstes schrieb er: „Täglich erwarte ich, ermordet oder verraten oder in die Sklaverei getrieben zu werden, wenn sich die Gelegenheit ergibt, aber ich fürchte nichts, denn ich habe die Verheißungen des Himmels."

Woher kam diese Furchtlosigkeit angesichts einer solchen Gefahr? Patrick war von der Nähe Gottes überzeugt. Er wusste, wer mit ihm war. In seinem bekanntesten Gebet „St. Patrick's Breastplate" erhaschen wir einen Blick auf die christliche Brille, durch die er die vielen Schwierigkeiten und Schrecken um sich herum betrachtete:

Christus sei mit mir, Christus vor mir, Christus hinter mir,
Christus sei in mir, Christus sei unter mir, Christus sei über mir,
Christus sei mir zur Rechten, Christus mir zur Linken,
Christus sei, wo ich liege, Christus sei, wo ich sitze,
Christus sei, wo ich mich erhebe,
Christus sei im Herzen eines jeden, der meiner gedenkt,
Christus sei im Munde eines jeden, der von mir spricht,
Christus sei in jedem Auge, das mich sieht,
Christus sei in jedem Ohr, das mich hört.

Patrick war davon überzeugt, dass Christus bei ihm war, ganz gleich, wo er sich befand oder was ihm zustieß.

Das Gegenmittel gegen alle Angst

Vor Jahren war ich mit einem Team von Pastoren in Äthiopien, um rund 2000 Pastoren, Evangelisten und Leiter der größten evangelikalen Denomination des Landes zu ermutigen und von ihnen zu lernen. In den ersten Reihen saßen Dutzende älterer Pastoren, die während der Jahre, in denen Äthiopien unter der schweren Hand des Kommunismus litt, für ihre Treue zu Christus im Gefängnis gesessen hatten. Dahinter saßen jüngere Gemeindegründer, von denen viele mit ständiger Verfolgung zu kämpfen hatten, während sie das Evangelium in feindliche Gebiete brachten. Ich war noch nie in einem Raum gewesen, der sich so kollektiv für die Mission Jesu einsetzte, selbst im Angesicht einer sehr realen Gefahr. Als ich an der Reihe war zu predigen, konnte ich nicht umhin, mich zu fragen: Was um alles in der Welt könnte ich ihnen wohl beibringen? Welche Worte könnte ich sagen, um sie zu motivieren und ihnen die Mittel an die Hand zu geben, sich den Schwierigkeiten da draußen zu stellen? Wohin können wir den Blick richten, wenn unsere gegenwärtige Situation Mut erfordert?

Wir müssen uns an Folgendes erinnern: Die Erfahrung von Mut hat viel mehr mit unseren Augen als mit unserem Willen zu tun. Es gibt einen Grund, warum wir sagen, dass jemand „Mut fasst", statt zu sagen, dass er „Mut macht". Mut ist nichts, das man erzeugt, sondern etwas, das man erhält. Er entsteht, wenn wir in der Gegenwart von jemandem sind, der stärker ist als wir und der für uns ist. Wenn Kinder nachts Angst haben, schreit ein guter Vater deshalb nicht: „Hör auf damit, sei mutig!" Stattdessen kommt er ins Zimmer und erinnert sie: „Du brauchst keine Angst zu haben. Ich bin ja bei dir." Ist Ihnen schon mal aufgefallen, dass Gott in der Heiligen Schrift genau das tut, wenn sein Volk Angst hat?

Schauen Sie, ob Sie ein stets wiederkehrendes Thema erkennen. Als die Israeliten am Rande des verheißenen Landes standen und ihre Feinde vor sich sahen, sagte Gott: „Sei stark und mutig! Erschrick nicht und fürchte dich nicht! Denn mit dir ist der HERR, dein Gott, wo immer du gehst“ (Josua 1,9). Als das Volk Generationen später vor dem Exil stand, sagte Gott: „Fürchte dich nicht, denn ich bin mit dir“ (Jesaja 41,10; 43,1-5). Als Jeremia daran zweifelte, ob er als junger Mann die Absichten Gottes würde erfüllen können, sagte Gott: „Fürchte dich nicht vor ihnen! Denn ich bin mit dir“ (Jeremia 1,7-9). Als Jesus seine Nachfolger aussandte, um Jünger zu machen und der ganzen Welt die gute Nachricht zu verkünden, gürtete er seinen Auftrag mit der Verheißung: „Und siehe, ich bin bei euch alle Tage bis zur Vollendung des Zeitalters“ (Matthäus 28,20). Als der Apostel Paulus Bedrohungen und Verfolgung ausgesetzt war, sagte Gott: „Fürchte dich nicht, sondern rede, und schweige nicht!“ (Apostelgeschichte 18,9). Und was auch immer Sie gerade erleben – was auch immer Ihnen das Herz verkrampft, Ihren Verstand zum Rasen bringt oder Ihre Seele beunruhigt –, Gott sagt Ihnen, was er zu allen Zeiten zu seinem Volk gesagt hat: Ich bin mit dir.

Sie können sich allem stellen

In einer durch die Sünde zerrütteten Welt, die von Instabilität geprägt ist, brauchen die Gläubigen den Mut, der aus der Gewissheit der Nähe Gottes erwächst. Und doch wird jeder Einzelne von uns in seinem Leben mit Umständen konfrontiert, die uns eine Art kosmische Trennungsangst bereiten.

Vielleicht ist dieser Sturm derjenige, in dem ich untergehe ...?

Vielleicht ist diese Sünde diejenige, bei der Jesus das Handtuch wirft ...?

Vielleicht ist diese Prüfung diejenige, die ich einfach nicht ertrage ...?

Vielleicht ist dies der Moment, in dem ich dem Leben allein gegenüberstehe ...?

Immer wieder findet sich das Gegenmittel gegen die Angst und der Ursprung des Mutes in Gottes Verheißung: „Ich bin bei dir." Die Worte Jesu an jedes sich abmühende, strauchelnde Kind Gottes lauten: „Ich will dich nicht aufgeben und dich nicht verlassen" (Hebräer 13,5). Wenn wir wirklich glauben, dass Gott uns ewig nahe ist, wird unsere Hoffnung ermutigt und unser Glaube aufgebaut, unsere Augen werden neu ausgerichtet, unsere Entschlossenheit wird erneuert, und unsere Hände werden gestärkt. Das ist in der Tat die eigentliche Geheimwaffe des Christentums, die uns in den dunkelsten Momenten der menschlichen Erfahrung Halt gibt. David erinnert uns in Psalm 23,4 daran:

Auch wenn ich wandere im Tal des Todesschattens,
fürchte ich kein Unheil,
denn du bist bei mir;
dein Stecken und dein Stab, sie trösten mich.

Wenn Gott mit uns ist, haben wir nichts zu befürchten. Nicht einmal den Tod. Wie würde sich Ihr Leben verändern, wenn Sie jetzt sicher wüssten, dass Gott selbst in jedem einzelnen Moment bei Ihnen ist, Sie unterstützt und Sie niemals verlässt, unabhängig davon, ob Sie seine Nähe spüren oder nicht? Sie hätten nie wieder Angst.

Als ich mich darauf vorbereitete, zu diesen äthiopischen Gemeindeleitern zu sprechen, wurde mir klar, dass meine Aufgabe bei diesem Treffen nicht darin bestand zu belehren, sondern zu erinnern. Also erzählte ich ihnen noch einmal von der Verheißung der Gegenwart Gottes. Ich erinnerte sie daran, dass derselbe Geist, der Christus von den Toten auferweckt hat, in ihnen lebendig ist. Ich wiederholte die Wahrheit, die so viele bereits kannten, die aber so dringend gehört werden musste: „Habt Mut! Der auferstandene Jesus ist mit euch!“ Bei vielen von uns wird diese Lehre unsere Herzen zum Hüpfen bringen. Diese Männer und Frauen wurden zu lautem Jubelgeschrei veranlasst. Selten habe ich als Prediger einen solchen Wohlklang des Mutes und des Lobes durch einen Raum schwingen hören. Ich bekomme immer noch eine Gänsehaut, wenn ich daran denke.

Alles ändert sich, wenn wir uns daran erinnern, dass Gott nicht weit weg ist. Wenn das Evangelium wahr ist, wenn Christus auferstanden ist, wenn der Geist, der ihn aus dem Grab auferweckt hat, wirklich in Ihnen ist, wenn der unvergleichliche König der Herrlichkeit versprochen hat, bis zum Ende der Zeit bei Ihnen zu sein, dann sind Ihre Ressourcen unendlich viel größer als Ihre Schwierigkeiten. In Christus sind Sie reich. Sie können mit dem Dichter von Psalm 118,6 sagen: „Der HERR ist für mich, ich werde mich nicht fürchten. Was könnte ein Mensch mir tun?“ Also fassen Sie Mut! Ihnen steht mehr geistliche Kraft zur Verfügung, als Sie geistliche Feinde haben, die auf Sie zustürmen – ganz gleich, wie dunkel Ihr gegenwärtiger Augenblick ist.

Vertiefende Fragen und Anwendung

1. Inwiefern tröstet es Sie, dass Gott immer allgegenwärtig ist?

2. An welche der vier Arten von Gottes Nähe (Gott ist überall um uns herum; Jesus ist bei uns; der Heilige Geist ist in uns;

wir sind in Christus), müssen Sie sich am meisten erinnern und warum?

3. Überlegen Sie, was Ihnen Angst macht! Was geschieht mit diesen Ängsten, wenn Sie sie im Licht von Gottes Verheißung betrachten, dass er bei Ihnen ist?

4. Wie würden Sie den folgenden Satz beenden? „Wenn ich davon überzeugt bin, dass Gott nie weit weg von mir ist, dann ..."

5

Gott ist allheilig und allwissend: Die Erfahrung der Ehrlichkeit

„Es ist die Versuchung unserer Zeit,
gut aussehen zu wollen, ohne gut zu sein.“
Brennan Manning

Der französische Atheist und Philosoph Jean-Paul Sartre erzählt die Geschichte eines Mannes, der es sich auf einer Parkbank gemütlich macht, als er sich plötzlich der Anwesenheit einer anderen Person in der Ferne bewusst wird, die ihn anstarrt. Der Mann wird aus seiner Unbeschwertheit aufgeschreckt und sich seiner selbst zutiefst unangenehm bewusst. „Was denkt dieser Fremde von mir? Verurteilt er mich? Schätzt er mich? Ist er für mich oder gegen mich?“

Wir alle wissen, wie es ist, den Blick eines anderen auf uns gerichtet zu spüren. Als er sich nur seiner selbst bewusst war, fühlte der Mann keine moralischen oder beziehungsmäßigen Verpflichtungen. Aber die eindringliche Beobachtung durch eine andere Person störte sein Gefühl der Autonomie. In Sartres Erzählung entdeckt der Mann schließlich, dass dieser „andere“ nur eine Schaufensterpuppe ist, und er wird wieder so wie vorher, erleichtert darüber, dass alles nur in seinem Kopf stattgefunden hat. Er kann wieder so tun, als sei er nur sich selbst Rechenschaft schuldig.[19]

Es ist eine Sache, unter dem Blick eines anderen Menschen zu stehen und sich zu fragen, was er von uns denkt. Aber es ist etwas ganz anderes, unter dem Blick eines moralisch perfekten, allwissenden Gottes zu stehen, der alles über uns weiß. Doch Gott will nicht, dass wir in Angst vor ihm davonlaufen. Er will, dass wir umkehren und nicht mehr weglaufen. Er will, dass wir ehrlich sind.

Der Gott, der heilig ist

Sowohl die Heiligkeit als auch die Allwissenheit Gottes haben mit der Kategorie der *Wahrheit* zu tun: die erste mit der Verkörperung der *moralischen* Wahrheit, die zweite mit dem Erfassen der *gesamten* Wahrheit.

Zu sagen, dass Gott heilig ist, bedeutet zu bekennen, dass Gott den Standard schafft, den wir als „Vollkommenheit" kennen, und dann mit absoluter Konsequenz danach handelt, weil er allein dieser Standard ist. Wie der Psalmist in Psalm 99,9 schreibt: „Heilig ist der HERR, unser Gott." Kein anderes Attribut wird in der Heiligen Schrift häufiger für Gott verwendet als seine Heiligkeit. Das griechische Wort für „heilig", das im Neuen Testament 235-mal verwendet wird, bedeutet „anders als alles andere, abgesondert".

Der heilige Gott ruft die Seinen auf, sich ihm in dieser Eigenschaft anzuschließen, indem sie ein heiliges Leben führen – ein Leben, das sich von dem der anderen abhebt. Nachdem Gott die Israeliten aus der ägyptischen Unterdrückung befreit hat, sagt er zu seinem Volk: „Denn ich bin der HERR, der euch aus dem Land Ägypten heraufgeführt hat, um euer Gott zu sein: So sollt ihr heilig sein, denn ich bin heilig!“ (5. Mose 11,45). Für den Fall, dass wir versucht sind, das Alte Testament zu vernachlässigen, befiehlt auch Jesus: „Ihr nun sollt vollkommen sein, wie euer himmlischer Vater vollkommen ist“ (Matthäus 5,48), und Petrus erinnert uns daran: „... wie der, welcher euch berufen hat, heilig ist, seid auch ihr im ganzen Wandel heilig! Denn es steht geschrieben: ‚Seid heilig, denn ich bin heilig‘“ (1. Petrus 1,15-16). Das Muster der Heiligen Schrift scheint ziemlich klar zu sein. Niemand wird durch sein eigenes heiliges Leben gerettet, aber diejenigen, die gerettet werden, sind zu einem heiligen Leben berufen worden, weil ein solches Leben den Gott widerspiegelt, der sie erlöst hat – den Gott, der heilig ist.

Der Gott, der alles weiß

Gottes Heiligkeit zeichnet ihn in seiner moralischen Vollkommenheit aus, seine Allwissenheit dagegen erinnert uns daran, dass er auch im Wissen und Verstehen vollkommen ist. Zu sagen, dass er *der Gott ist, der alles weiß,* bedeutet im gleichen Atemzug zu sagen, dass er *der Gott ist, der nicht lernt.* Wie könnte er das? Er kennt jedes Detail von dem, was war, was ist und was sein wird. Und nicht nur das: Er ist mit jeder Möglichkeit vertraut, die sein könnte, aber nicht sein wird. Nichts ist für ihn ein Geheimnis, nichts bleibt ihm verborgen; vor ihm steht die gesamte Existenz offen, so wie sie wirklich ist. Gott ist „an Erkenntnis vollkommen“ (Hiob 37,16).

Von dem immensen Wissen darüber, wie viele Sterne und Planeten sein Universum schmücken, über die intime Kenntnis jedes Gedankens, der Ihnen jemals durch den Kopf gegangen ist, bis hin zur Beziehung zwischen jeder einzelnen Aktion und den entsprechenden Reaktionen – all das fügt sich zu der Mega-Symphonie aus Materie, Klang, Energie, Schönheit und Wesen zusammen, die wir als „Existenz" bezeichnen – und Gott weiß das alles. Kosmisch und mikroskopisch. Vergangenheit und Zukunft. Auf jeder Ebene, mit absoluter Präzision, ohne Anstrengung und ohne Kaffee. Kein Wunder, dass Paulus ausruft: „Welche Tiefe des Reichtums, sowohl der Weisheit als auch der Erkenntnis Gottes!" (Römer 11,33).

Der Gott, der uns kennt

Es versteht sich von selbst, dass Gott – wenn er jeden Teil der Existenz kennt – auch jeden Teil von uns kennt. Es gibt kein einziges Molekül unseres Lebens – in Gedanken, Motiven, Worten oder Handlungen –, das er nicht genau kennt. Alles ist vor ihm offengelegt. „Denn der HERR erforscht alle Herzen, und alles Streben der Gedanken kennt er" (1. Chronik 28,9). David schreibt von der grenzenlosen Einsicht Gottes in jeden von uns:

HERR, du hast mich erforscht und erkannt.
Du kennst mein Sitzen und mein Aufstehen, du verstehst mein Trachten von fern.
Mein Wandeln und mein Liegen – du prüfst es. Mit allen meinen Wegen bist du vertraut.
Denn das Wort ist noch nicht auf meiner Zunge – siehe, HERR, du weißt es genau.
(Psalm 139,1-4)

Unser Kommen und Gehen, unser Denken und Sprechen, der Herr kennt uns ganz und gar. Angesichts der Heiligkeit Gottes und unserer eigenen Unzulänglichkeiten in Bezug auf das Wesen Gottes ist es verständlich, dass dieses ungefilterte Wissen Gottes über uns beunruhigend sein kann. Er kennt alle unsere eifersüchtigen Gedanken; er sieht alle lüsternen Fantasien; er hört all unser Geschwätz und Gemurre. Wie Adam und Eva, die sich im Garten Eden vor dem Herrn versteckten, spüren auch wir die Scham über unsere eigene moralische Nacktheit, wenn wir uns in Gottes Licht betrachten. Wir spüren das Gewicht von Hebräer 4,13, wo wir daran erinnert werden: „Kein Geschöpf ist vor ihm unsichtbar, sondern alles bloß und aufgedeckt vor den Augen dessen, mit dem wir es zu tun haben." Wohin wenden wir uns, wenn uns das bewusst wird? Wohin will Gott uns mit dieser Wahrheit führen?

Nun, gehen wir einfach zum nächsten Vers über:

> *Da wir nun einen großen Hohen Priester haben, der durch die Himmel gegangen ist, Jesus, den Sohn Gottes, so lasst uns das Bekenntnis festhalten! Denn wir haben nicht einen Hohen Priester, der nicht Mitleid haben könnte mit unseren Schwachheiten, sondern der in allem in gleicher Weise wie wir versucht worden ist, doch ohne Sünde. (Hebräer 4,14-15)*

Im gesamten Hebräerbrief wird Jesus als unser Hoher Priester bezeichnet. Im Alten Testament bestand die Aufgabe des Hohen Priesters darin, das Volk Gottes vor Gott zu vertreten, seine Sünden durch Gaben und Opfer zu sühnen und in seinem Namen Fürsprache zu halten. In ebendiesen Rollen – Stellvertretung, Sühne und Fürsprache – schenkt uns Jesus, unser großer Hoher Priester, drei wunderbare Gaben des Evangeliums, die die Erfahrung, unter dem Blick Gottes zu stehen, verwandeln: Aus dem tadelnden Blick eines Richters wird der zärtliche Blick eines Vaters.

Das Geschenk des vollkommenen Gehorsams Christi

Jesus ist der Sohn Gottes, voll und ganz Mensch und voll und ganz Gott, der 33 Jahre lang in dieser Welt wandelte, „doch ohne Sünde" (Hebräer 4,15). Jesus ist sowohl ganz Gott als auch ganz Mensch; Ersteres qualifiziert ihn dazu, unser Erlöser zu sein, und das Zweite qualifiziert ihn dazu, unser Stellvertreter zu sein. Beides ist unerlässlich, damit Jesus unser „großer Hoher Priester" sein kann, dem die Prüfungen, denen wir in dieser Welt ausgesetzt sind, nicht fremd oder unbekannt sind. Er hat sie alle erlebt und noch einige mehr. Was für ein herrlich tröstlicher Gedanke! Der allheilige, allwissende Gott der Herrlichkeit hat Mitgefühl mit unserem Kampf gegen die Versuchung. Aber im Gegensatz zu uns hat Jesus jede Prüfung mit Bravour bestanden. Er gehorchte dem Vater auf Schritt und Tritt fehlerlos.

An dieser Stelle wird dies zu einer guten Nachricht für kämpfende Heilige: Am Kreuz hat Jesus nicht nur – wie wir gleich sehen werden – unsere Sünde und ihre Strafe auf sich genommen, sondern er hat uns auch mit seiner eigenen Gerechtigkeit bekleidet. Theologen bezeichnen dies als „geschenkte Gerechtigkeit". Es ist die unverdiente Gabe von Christi eigener perfekter moralischer Erfolgsbilanz.

Also: Haben Sie in der vergangenen Woche versagt? Lassen Sie es mich anders ausdrücken: Haben Sie in der vergangenen Woche gelebt? Jesus ist Ihr vollkommener und heiliger Stellvertreter.

Wenn Gott auf seine kämpfenden Heiligen schaut, sieht er uns auf der Grundlage von Christi vollkommenem Werk für uns, nicht auf der Grundlage unserer unvollkommenen Woche, in der wir versucht haben, für ihn zu leben.

Das Geschenk des Blutes Christi

Jesus, der Heilige, hat nicht nur für uns gelebt, sondern ist auch für uns gestorben. In den folgenden Kapiteln des Hebräerbriefs wird die Einzigartigkeit dieser Gabe des Blutes Christi beschrieben: „Denn mit einem Opfer hat er die, die geheiligt werden, für immer vollkommen gemacht" (Hebräer 10,14). Haben Sie das begriffen? Die Vollkommenheit, die Gott fordert, wird von Christus geliefert, auch wenn wir uns in diesem lebenslangen Prozess des „Heiligwerdens" weiter abmühen. Um es mit den Worten des Römerbriefs zu sagen: Wir sind „durch sein Blut gerechtfertigt" (Römer 5,9).

Rechtfertigung ist ein Wort aus dem Gerichtssaal, das bedeutet, dass die Anklage fallen gelassen, die Unschuld festgestellt wurde und der Fall abgeschlossen ist. Gerechtfertigt zu sein bedeutet, durch den Glauben das Urteil zu empfangen, das Paulus in Römer 8,1 verkündet: „Also gibt es jetzt keine Verdammnis für die, die in Christus Jesus sind." Dieses kleine Wort „keine" hat eine gewaltige, Ehrlichkeit schaffende Wirkung. Wenn ich mich angesichts meiner letzten Sünde frage, ob Gott nun mit mir fertig ist, dann ruft mir dieses „keine Verdammnis" ins Herz: „Jetzt nicht und niemals!"

Vor Kurzem unterhielt ich mich mit einem meiner Kinder, als ich es ins Bett brachte. Mein Junge hatte einen harten Tag hinter sich, an dem er nicht auf seine Mutter gehört hatte, mit den Konsequenzen konfrontiert wurde und mit der Verurteilung seines eigenen Herzens kämpfte. Er sah mich verzweifelt und hoffnungslos an und gestand mir ehrlich: „Papa, manchmal bin ich mir nicht sicher, ob ich überhaupt Christ bin." Ich fragte ihn, warum er das dachte. Er antwortete: „Weil ich heute einfach weiter schlechte Dinge getan habe."

Hat nicht jeder von uns, wenn wir ehrlich sind, solche Tage? Jahre? Römer 8,33-34 bringt die Stärkung, die unser Herz in solchen Momenten braucht:

> *Wer wird gegen Gottes Auserwählte Anklage erheben? Gott ist es, der rechtfertigt. Wer ist da, der verdammt? Christus Jesus ist es, der gestorben, ja noch mehr, der auferweckt, der auch zur Rechten Gottes ist, der sich auch für uns verwendet.*

Wie Sartres Mann auf der Parkbank werden wir von Verurteilungen heimgesucht. Die Erwartungen unseres Chefs oder unserer Familienmitglieder können unsere besten Bemühungen verurteilen. Das Verhalten unserer Kinder kann unsere Erziehung verurteilen. Die dunklen Gedanken in unseren Herzen, die rücksichtslosen Selbstgespräche in unseren Köpfen, die Zahlen auf unserem Kontoauszug oder der Waage im Badezimmer können ein Wort der Verurteilung über uns sprechen. Als Antwort auf all dies und mehr fragt Paulus: „Wer ist da, der verdammt?" Er fragt: Wer kann Gottes Urteil im Leben eines Gläubigen außer Kraft setzen? Die Antwort lautet: Niemand. Satan nicht. Kein anderer. Nicht einmal unser eigenes Herz. Für den Gläubigen hat jede Anschuldigung – unabhängig von ihrem Ursprung – jetzt so viel verurteilende Kraft, wie eine Spielzeugpistole tödliche Kraft hat.

Gottes Urteil ist das letzte Wort über unsere Stellung vor ihm. J. D. Greear fasst dies wunderbar zusammen: „Der Gehorsam Christi ist so außerordentlich, dass wir ihm nichts hinzufügen können; sein Tod ist so endgültig, dass nichts ihm etwas wegnehmen kann.“[20]

Das Geschenk der Stimme Christi

Jesus, der große Hohe Priester, ist auch unser Fürsprecher. Fürsprache bedeutet, für einen anderen in die Bresche zu springen. Sehen Sie sich noch einmal das gegenwärtige Wirken Jesu für die Seinen in Römer 8,34 an: „Christus Jesus ist es, ... der auch zur Rechten Gottes ist, der sich auch für uns verwendet.“ Jesus – der Heilige, der alles über mich weiß – hat den Gehorsam gelebt, den ich nicht leisten konnte, ist an meiner Stelle verurteilt gestorben, und erhebt nun beständig in meinem Namen seine Stimme. So weit geht sein Einsatz, um das Werk zu vollenden, das er in Ihnen begonnen hat.

Rechtfertigung ist das ein für alle Mal für uns vollbrachte Werk Christi am Kreuz. Dass Christus sich für uns verwendet, bedeutet dagegen, dass Christus von seinem Thron aus ständig für uns tätig ist. Jedes Mal, wenn Sie sündigen, steht Jesus im Himmel als Ihr Verteidiger und weist auf seine Wunden hin. In Hebräer 7,25 heißt es: „Daher kann er die auch völlig retten, die sich durch ihn Gott nahen, weil er immer lebt, um sich für sie zu verwenden.“

Diese ständige Fürsprache Jesu für uns erklärt der Autor Dane Ortlund so:

Diese Abgründe der Sünde sind die Orte, an denen Christus uns am meisten liebt. Sein Herz geht bereitwillig dorthin. Sein Herz wird dort am stärksten angezogen. Er kennt uns bis zum Äußersten, und er rettet uns bis zum Äußersten, weil sein Herz sich bis zum Äußersten zu uns hingezogen fühlt.[21]

Jesus hat nicht die Nase voll von Ihnen. Und es wird nie ein Tag kommen, an dem er das Handtuch wirft. Er rettet „bis zum Äußersten". Der Gott, der alles weiß, der Gott, der alles geschaffen hat, der Gott, der über allem steht, geht zärtlich mit Sündern um, die ehrlich zu ihm kommen und ihre Not offenbaren. Warum sich also weiter verstecken? Stattdessen lädt er Sie ein, bereitwillig und immer wieder zu ihm zu kommen, ehrlich zu bekennen und Buße zu tun. Er möchte, dass Sie nach Hause kommen.

Eroberung durch Bekenntnis

Alle Sünde hat ihre Macht in der Täuschung. Sie ist ein Monster, das sich als Supermodel verkleidet, eine Bestie, die vorgibt, eine Schönheit zu sein, ein Raubtier, das sich als Freund tarnt. Und die Macht einer bestimmten Sünde in unserem Leben wird nicht größer sein als der Grad, in dem wir ihr erlauben, in der Dunkelheit zu leben und zu wachsen. Die Sünde gärt in der Dunkelheit und wird im Licht verbrannt:

Wenn wir aber im Licht wandeln, wie er im Licht ist, haben wir Gemeinschaft miteinander, und das Blut Jesu, seines Sohnes, reinigt uns von jeder Sünde. Wenn wir sagen, dass wir keine Sünde haben, betrügen wir uns selbst, und die Wahrheit ist nicht in uns. Wenn wir unsere Sünden bekennen, ist er treu und gerecht, dass er uns die Sünden vergibt und uns reinigt von jeder Ungerechtigkeit. (1. Johannes 1,7-9)

Johannes sagt nicht, dass wir durch das Bekenntnis der Sünde immer wieder neu gerechtfertigt werden, als würde Gott jedes Mal, wenn wir sündigen, sein Urteil über unsere Erlösung ändern. Stattdessen ruft Johannes die Christen zu einem ehrlichen Leben auf, das nicht so tut, als hätten wir keine Sünde, und das gleichzeitig versucht, der Sünde den Kampf anzusagen, indem es sie ständig ans Licht bringt. Er sagt: Durch das Bekenntnis wird unser rechtlicher Status im Himmel (gerecht in Christus zu sein) greifbar, da wir die reinigende Kraft des Blutes Christi erfahren. Alles, was er von uns verlangt, ist der Mut zur Ehrlichkeit. Ray Ortlund sagt: „Wir überwinden unsere Sünden nicht durch heroische Willenskraft, wir bekennen sie einfach zu Tode!“[22] Warum sich zurückhalten? Warum sollten Sie sich nicht auf echtes Christsein einlassen – ein Christsein im Licht –, bei dem Sie in der Lage sind, immer mehr Kämpfe mit bestimmten Sünden in Ihrem Leben zu gewinnen?

Unserem Umfeld können wir vielleicht vorgaukeln, ziemlich fromm zu sein, aber niemand von uns kann Gott überlisten. Wie sollten wir auch? Er weiß alles über uns, und das bedeutet, dass er unendlich viel mehr Strategien hat, um uns in die Freiheit der Ehrlichkeit zu führen, als wir, um ihm auszuweichen. „„Denn wen der Herr liebt, den züchtigt er ... zum Nutzen, damit wir seiner Heiligkeit teilhaftig werden“ (Hebräer 12,6.10). Er ist in größerem Maße für uns, als wir uns je vorstellen können; seine Züchtigung ist Gnade, nicht Strafe. Warum also nicht auf ihn vertrauen? Alles, was wir zu verlieren haben, ist die Überforderung, ein Doppelleben zu führen.

Und wie diese Verse im 1. Johannesbrief zeigen, ist das Wandeln im Licht etwas, das wir in „Gemeinschaft miteinander“ tun (1. Johannes 1,7). Ich erinnere mich, wie ich eines Abends beim Abendessen mit einem älteren Mentor sprach, der mir direkt in die Augen sah und fragte: „Adam, wer kennt und liebt dich und ist nicht im Geringsten von dir beeindruckt?“ Das war eine der wichtigsten Fragen, die mir je jemand gestellt hat. Es gibt nur wenige Dinge, die für unsere Heiligung und Vernunft wichtiger sind als ein oder zwei Freunde, vor denen wir keine Geheimnisse haben. Freundschaften, die von Verletzlichkeit, Gnade und Wahrheit geprägt sind. Haben Sie auch solche Freundschaften? Wenn nicht, dann kultivieren Sie sie! Und beginnen Sie damit, dass Sie ehrlich sind! Sprechen Sie über Ihre Kämpfe und Misserfolge! Und wenn Sie das tun, werden Sie entdecken, wie ein ehrliches Bekenntnis Sie in die Freiheit der Buße und zu einer allmählich wachsenden Heiligkeit des Lebens führt.

Gott ist nicht desillusioniert von Ihnen

Das Evangelium bedeutet, dass ich eben nicht großartig bin. Aber ich werde geliebt. Und das ist großartig. Das Evangelium gibt mir die Freiheit, ehrlich mit meinen Fehlern umzugehen, statt mich von ihnen erdrücken zu lassen, denn es erinnert mich daran, dass Jesus für mich erdrückt wurde. Das Evangelium bedeutet, dass ich mich nicht verstecken muss, denn die gute Nachricht von dem, was der heilige und allwissende Retter am Kreuz getan hat, gilt auch für mich. Das Evangelium bedeutet, dass ich niemanden zu beeindrucken brauche, weil Christus mir auf ewig das Lächeln meines Schöpfers gesichert hat. Wenn das wahr ist, dann lasst uns die nutzlosen Feigenblätter unserer selbstrechtfertigenden Ausreden verbrennen und uns ganz und gar auf die Rechtfertigung Gottes stützen! Wie mein Freund Alex Early geschrieben hat: „Jesus liebt keine zukünftige Version von dir oder das, was du einmal warst. Er liebt dich genau da, wo du jetzt bist.“[23]

Hassen Sie Ihre Sünde? Ertappen Sie sich dabei, wie Sie sich immer wieder mit Schreien der Buße und dem Wunsch nach Veränderung an Jesus wenden? Dann fassen Sie Mut! Sie sind zweifelsohne ein Kind Gottes. Die Tatsache, dass Sie gegen die Sünde kämpfen, ist der Beweis für geistliches Leben. Tote Dinge kämpfen nicht, nur lebendige Wesen tun es. Stellen Sie sich also weiter ins Licht der Heiligkeit!

Gott verachtet unsere Ehrlichkeit nicht; er begegnet uns in ihr mit zärtlicher Erneuerung; er eilt zu uns und reagiert auf unser Bekenntnis, indem er uns liebevoll in die Arme schließt. Wir denken oft, Ehrlichkeit würde uns ärmer machen. Aber nach der Reaktion des Vaters auf die Rückkehr seines verlorenen Sohnes zu urteilen, könnten wir uns nicht mehr irren. Er würdigt unsere Reue und erinnert uns an unsere wahre Identität als seine Kinder. Ehrlichkeit bedeutet, das Schweinefutter unserer Sünden gegen das Festmahl der Gnade Gottes einzutauschen; die zerrissenen Kleider unserer törichten Entscheidungen gegen das reine Gewand der Sündlosigkeit Christi; die kalte Einsamkeit des Drecks gegen die warme Umarmung des Vaters. Es ist der Weg zurück nach Hause.

Wie würde sich Ihr eigenes Streben nach Heiligkeit verändern, wie könnten Sie sich ehrlich auf ein Leben im Licht einlassen, wenn Sie davon überzeugt wären, dass die Tür der Offenheit vor Gott und anderen nicht *in* ein Gefängnis führt, sondern *aus* einem heraus? Hier liegt die Kraft dazu, sich nicht mehr zu verstellen.

Jesus ist nicht desillusioniert von Ihnen, denn er hat sich nie Illusionen darüber gemacht, wer Sie überhaupt sind. Er wusste genau, präzise und umfassend, wer Sie sind, und gab sein Leben für Sie. Nicht für Ihre Instagram-Version, sondern für Ihr echtes Ich. Er kennt Sie bis ins Innerste Ihres Wesens und verpflichtet sich, Sie zu lieben, zu disziplinieren und zu heiligen, bis hin zur Herrlichkeit. Hier, und nur hier, am Ort der Ehrlichkeit, können unsere Herzen Schutz vor jeder verurteilenden Anklage finden, während wir weiter nach der Schönheit der Heiligkeit streben.

Vertiefende Fragen und Anwendung

1. Wenn Gott sowohl in seiner Heiligkeit als auch in seinem Wissen um alle Dinge vollkommen ist, warum, glauben Sie, versuchen wir dann immer noch, uns vor ihm und voreinander zu verstecken?

2. Wir alle brauchen ein paar Menschen in unserem Leben, die „uns kennen, uns lieben und nicht im Geringsten von uns beeindruckt sind“. Wer könnte für Sie in diese Kategorie passen?

3. Lesen Sie noch einmal Hebräer 7,25! Inwiefern verändert das Wissen, dass Jesus sich in Ihren Fehlern für Sie verwendet, Ihren Umgang mit diesen Fehlern?

4. Was sind ein oder zwei Bereiche in Ihrem Leben, die Sie mit heroischer Willenskraft zu überwinden versuchen und von denen Gott möchte, dass Sie sie zu Tode bekennen, indem Sie sie ans Licht bringen?

6

Gott ist gut: Die Erfahrung des Vertrauens im Leid

„Schmeckt und seht, dass der HERR gütig ist! Glücklich der Mann, der sich bei ihm birgt!"
Psalm 34,9

Es war einmal ein Mann mit einem Namen mit vier Buchstaben aus einer Stadt mit zwei Buchstaben: Hiob aus Uz. Hiob war ein gottesfürchtiger Mann, der das Gute liebte und das Böse hasste und dessen Leben mit Tausenden von greifbaren Beweisen für Gottes Güte ihm gegenüber gesegnet war (Hiob 1,1-5).

Eines Tages tritt Satan in einer der verwirrendsten und bizarrsten Begegnungen, die in der Heiligen Schrift aufgezeichnet sind, vor Gott und behauptet, Hiob verehre Gott nur deshalb, weil Gott sein Leben so großzügig gesegnet hat. Wenn Gott seinen Segen wegnähme, spottet Satan, so würde Hiob ihm ganz sicher ins Gesicht fluchen (V. 6-11). Und bemerkenswerterweise lässt Gott das zu. Innerhalb eines einzigen Tages raubt Satan Hiob alles, was ihm lieb und teuer ist: seine Kinder, seine Diener, seine Besitztümer und seinen Reichtum – alles weg. Doch unter Tränen antwortet Hiob: „Der HERR hat gegeben, und der HERR hat genommen, der Name des HERRN sei gepriesen!" (V. 21). Ein zweites Mal wütet der Satan gegen den gerechten Hiob und quält ihn „mit bösen Geschwüren, von seiner Fußsohle bis zu seinem Scheitel" (2,7). Er verschont lediglich sein Leben, seine nörgelnde Frau, die ihm rät: „Fluche Gott und stirb!“, und ein paar schreckliche Freunde, die Hiob davon zu überzeugen versuchen, Gott müsse zornig auf ihn sein. Doch aus dem Tal des Schmerzes, inmitten seiner Klagen, erklärt Hiob: „Gewiss wird Gott mich töten, dennoch vertraue ich auf ihn, denn ich will mein Leben vor ihm verantworten“ (13,15; HfA).

Eine ächzende Welt

Das Buch Hiob ist ein biblisches Manifest über das Leiden. Hiob belehrt uns mit der gleichen Lektion, die im Filmklassiker *Die Braut des Prinzen* (1987) der Prinzessin erteilt wird: „Das Leben besteht aus Schmerz, Hoheit. Wer das Gegenteil behauptet, der will Euch reinlegen.“ Wir alle haben in unterschiedlichem Maße gelitten und wurden dadurch geformt. In Römer 8,18-23 beschreibt der Apostel Paulus diese Zeit, in der wir auf die Wiederkunft Jesu warten, als eine Zeit des Seufzens. Nicht nur wir selbst, sondern „die ganze Schöpfung“ seufzt wie eine Frau in den Wehen und wartet auf das neue Leben (V. 22-23). Aber ob es nun das Seufzen über unsere eigene Sünde oder über die Sünde eines anderen gegen uns ist, ob es der Schmerz unerfüllter Hoffnungen, unerfüllter Erwartungen, unerwarteter Krankheiten oder unleugbarer geistlicher Kämpfe ist, wir alle entdecken bald, dass Schmerz ein normaler Teil der menschlichen Erfahrung ist.

Eine jüngere Version von mir dachte, ich sei die Ausnahme. Doch die ersten fünf Jahre, in denen ich eine Gemeinde gründete, haben mich schnell eines Besseren belehrt. Als ich eines Abends mit meiner Frau Kristina zurückblickte, stellten wir fest, dass wir in dieser Zeit viel zusammen erlebt hatten:

- öffentlich und privat verleumdet zu werden,
- betrogen und belogen zu werden,
- beschimpft zu werden,
- körperlich bedroht werden,
- deprimiert zu sein,
- völlig pleite zu sein, mit Bankkonten im Minus,
- mit einer Waffe bedroht zu werden (Adam, nicht Kristina),
- mit Zwillingen schwanger zu sein (Kristina, nicht Adam),
- von einem Arzt vergiftet zu werden, was innerhalb von zwei Monaten zu zehn Besuchen in der Notaufnahme führte (ebenfalls Kristina),
- dass jemand versuchte, die Richtung unserer jungen Gemeinde zu ändern,
- dass jemand versuchte, in unser Haus einzubrechen,
- Familienmitglieder durch Krebs zu verlieren,
- Freunde zu verlieren,
- Personal zu verlieren,
- und bei Sonnenuntergang unseren Fünfjährigen im australischen Busch zu verlieren, und die Polizei Sucheinheiten und Rettungshunde losschickte, um ihn zu finden (zum Glück haben wir ihn gefunden).

Aber wir beklagen uns nicht; wir wissen, dass viele weitaus Schlimmeres erlebt haben. Unsere ersten fünf Jahre in der Gemeindegründung waren zwar schwierig, aber wir haben dadurch auch Positives mitgenommen. Wir haben Einsichten, Erinnerungen und Freunde gewonnen (zusammen mit ein paar zusätzlichen grauen Haaren und Kilos) und viel Freude auf unserem Weg erlebt. Wir haben aus erster Hand erfahren, dass wir in einer Welt leben, die von der Sünde zerrissen und doch von der Gnade durchdrungen ist. Es wird Hochs und Tiefs geben. Lachen und Weinen. Jubel und Seufzen. So ist das Leben. Die menschliche Erfahrung ist wunderschön, aber auf eine Weise, die jeden von uns umbringen wird.

Vertrauen lernen mit einer blutigen Nase

Schauen Sie doch einmal auf Ihr eigenes Leben zurück! Sehen Sie dieselbe Kombination aus Lachen und Weinen? Die meisten von uns verlassen die Schule mit einer Vorstellung davon, wie das Leben verlaufen soll. Dann beginnt das wirkliche Leben. Und das ist hart. Wir erleiden den Schmerz durch Sätze, die wie K.-o.-Schläge wirken: „Es ist aus mit uns ... Ich hasse dich ... Sie sind gefeuert ... Es ist Krebs ... Sie sind weg." Ganz gleich, wie flexibel Sie sind, eines Tages drängen die Umstände Ihres Lebens Sie in die Ecke und schlagen Ihnen einen rechten Haken, dem Sie nicht ausweichen können.

Wie Eva, deren Sohn ermordet wurde und deren anderer Sohn vermisst wird ...

Wie Abraham, der mit einem Messer, einem Bündel Holz und dem Erbe der göttlichen Verheißung auf einen Hügel stieg ...

Wie David nach seiner Nacht mit Bathseba ...

Wie Petrus, der seinem Herrn in die Augen blickte, den er gerade zum dritten Mal verleugnet hatte ...

Wie Maria, die an einem einsamen, verwirrenden Tag stumm ins leere Grab starrte ...

Wohin wenden wir uns, wenn das Leben in sich zusammenstürzt, wenn der Tod unsere Familie heimsucht, wenn der Krebs an unsere Tür klopft, wenn Verrat unangekündigt geschieht, wenn Depressionen uns wie ein Gespenst verfolgen, wenn Schmerz für uns wie ein Schatten wird?

Von frühester Kindheit an lernen wir, wie wir Schmerzen vermeiden können. Doch am dringendsten müssen wir lernen, wie man Schmerz erleidet und damit umgeht. Hier würdigt die Heilige Schrift unsere Leiden mit Ehrlichkeit, Hilfe und Hoffnung. Gott wird uns in diesem Leben vielleicht nie ein *Warum* geben, das unseren Schmerz erklärt, aber er gibt uns ein *Wer* – den Gekreuzigten und Auferstandenen, der sich darauf einließ, das Schlimmste zu erleben, der ihm eine Frist setzte und versprach, dass er keinen Tropfen davon verschwenden würde. Der dreieinige Gott steht nicht abseits von Sündern und Leidenden; er nähert sich uns gleichzeitig als der Vater, der uns annimmt, als der Retter, der mit uns mitfühlt, und als der Tröster, der uns hilft. Wenn wir also „die Hand Gottes nicht finden können", wie es in einer beliebten Umschreibung eines Ausspruchs von Spurgeon heißt, „müssen wir lernen, dem Herzen Gottes zu vertrauen".

Denn das, was aus dem Herzen Gottes quillt und überfließt, ist unerschütterliche, uneingeschränkte Güte.

Gott ist gut und tut Gutes

God is good, all the time. And all the time, God is good. (Gott ist immer gut. Und immer ist Gott gut.) So lauten der bekannte Ruf und die Antwort der afroamerikanischen Kirche, die diese beständige Wahrheit von Gottes Güte in unseren Herzen verankert. Es ist diese Eigenschaft Gottes, die unser Vertrauen herausfordert. Schließlich wäre ein göttliches Wesen, wie wir es in den vorangegangenen fünf Kapiteln beschrieben haben – vollkommen transzendent, unübertroffen in seiner Souveränität, Macht, Gerechtigkeit und seinem Wissen, das jeden Quadratzentimeter des Universums erfasst –, ein furchterregender Gott, wenn er nicht auch in seiner Güte vollkommen wäre. Die Autorin Jen Wilkin beschreibt es so: „Gottes Güte ist ein Licht, das durch alle seine anderen Eigenschaften hindurchstrahlt“[24], sodass uns seine Eigenschaften eher anziehen als abstoßen. Einen Gott, der in seiner Macht unübertroffen, nicht aber auch in seiner Güte unerschütterlich ist, könnte man vielleicht verehren, aber man könnte ihm sicher nicht vertrauen. Doch Gott ist gut – immer –, und das ist der Grund, warum wir ihn in den Psalmen so häufig loben und ihm danken (Psalm 100,5; 106,1; 107,1; 118,1.29; 135,3; 136,1). Er ist gut und tut Gutes (Psalm 119,68), und außer ihm gibt es nichts Gutes (Psalm 16,2).

Und nicht nur das: Seine Güte ist der Kernpunkt seiner Herrlichkeit. Als Mose in 2. Mose 33,18 Gott auf dem Berg begegnet und ihn bittet: „Lass mich doch deine Herrlichkeit sehen!“, antwortet Gott:

> *Ich werde all meine Güte an deinem Angesicht vorübergehen lassen und den Namen Jahwe vor dir ausrufen ... Siehe, hier ist ein Platz bei mir, da sollst du dich auf den Felsen stellen. Und es wird geschehen, wenn meine Herrlichkeit vorüberzieht, dann werde ich dich in die Felsenhöhle stellen und meine Hand schützend über dich halten, bis ich vorübergegangen bin. (2. Mose 33,19-22)*

Die Güte (V. 19) und die Herrlichkeit Gottes (V. 22) zu sehen bedeutet, ein und dieselbe Sache zu erfahren. Die beiden können nicht voneinander getrennt werden. Seine Güte ist seine Herrlichkeit, und seine Herrlichkeit ist seine Güte.

Gottes Güte in dieser Welt

Das Gute fließt aus Gott heraus, so natürlich, wie der Atem aus uns herausfließt. Wenn er spricht, entsteht eine Schöpfung, die „gut" ist (siehe 1. Mose 1). Die Morgensonne geht auf und durchbricht die Dunkelheit der Nacht mit Farbe und Licht und der Güte Gottes. Der Duft von frisch gebrühtem Kaffee, die Gabe der Geschmacksknospen, das emotionale Ventil des Singens und die Existenz des Lachens – sie alle verweisen auf einen Gott, dessen schöpferische Güte diese Dinge in die menschliche Erfahrung einbezieht. Das hätte er nicht tun müssen. Aber seine Güte strömt in unbegrenzter Fülle aus und füllt jeden Winkel der Schöpfung. Weil Gott gut ist, ist auch das, was er tut, gut.

Diese Güte zeigt sich auch in seiner Vorsehung. Er hat nicht einfach eine gute Welt erschaffen und uns dann uns selbst überlassen; er unterstützt uns großzügig und ist in jedes Detail unserer Welt eingeweiht. Er streckt seine Hand aus, um das Verlangen jedes Lebewesens zu stillen, und ist allen nahe, die ihn in Wahrheit anrufen (Psalm 145,16.18). „Der HERR ist gut gegen alle, sein Erbarmen ist über alle seine Werke" (V. 9).

Gott ist immer gut.

Das bedeutet jedoch nicht, dass alles in unserer Welt gut ist. Denn wir wissen auch, dass die gute Welt, die Gott geschaffen hat, von der Finsternis befleckt wurde. Die Sünde hat Gottes gute Schöpfung verwüstet. Gewalt durch Wort und Tat, zerbrochene Beziehungen und zerstörte Nationen, Armut, Krebs,

Krieg, Hass und die Existenz von Tofu erinnern uns daran, dass wir in einer Welt leben, die unter dem Fluch der Sünde ächzt. Doch selbst das Böse wird gezwungen, dem guten Plan Gottes zu dienen. Selbst schlechte Dinge werden von ihm benutzt, um gute Ziele zu erreichen. Und nirgendwo wird dies deutlicher als in den Leiden Christi auf dem Weg zum Kreuz, als er dem Vater vertraute.

Das Vertrauen von Jesus in Gethsemane

Kein Mensch freut sich auf Leid, und bei Jesus war das nicht anders. In der Nacht, bevor er gekreuzigt wurde, machte sich Jesus angesichts einer Dunkelheit von gigantischen Ausmaßen auf den Weg in den Garten Gethsemane. Könnten wir ihm dorthin folgen, würden wir sehen, wie er in ernsthaftem und qualvollem Gebet auf das Gesicht fällt.

Wenn wir nahe genug herantreten, sehen wir, wie sich die Poren seines Gesichts vor Kummer und Sorgen rot färben und sein Schweiß den Boden unter ihm mit Blut tränkt – ein seltener Zustand, der als Hämatidrose bekannt ist und bei dem unter großer emotionaler Intensität und Stress die Kapillaren in den Schweißdrüsen reißen und Blut sich mit Schweiß vermischt. Wir hören ihn immer wieder flüstern: „Mein Vater, wenn es möglich ist, so gehe dieser Kelch an mir vorüber!" (Matthäus 26,39). Was war in diesem Kelch? Die ungehemmte Fülle des heiligen Zorns Gottes, ausgegossen über meine und Ihre Sünde, mit einer Kraft, neben der tausend Atomexplosionen wie der Schluckauf einer Maus wirken würden. Diesen Kelch hat Jesus für Sie und für mich getrunken.

Doch am Vorabend des größten Leidens, das die Welt je gesehen hat, sprach Jesus die größten Worte des Vertrauens aus, die die Welt je kennen wird: „Doch nicht mein Wille, sondern der deine geschehe“ (Lukas 22,42). *Vater, ich vertraue dir.* Das Herz des Sohnes fand Ruhe in der Güte des Vaters. Dann stand er auf und begab sich bereitwillig in die Hände böser Menschen mit bösen Plänen, um den guten Plan Gottes zu erfüllen.

Die Güte Jesu auf Golgatha

Weil Gott gut ist, können diejenigen, die ihn lieben, in der Zuversicht ruhen, dass letztlich alle Dinge zu unserem Besten zusammenwirken, so wie Gott es versprochen hat. Nirgendwo wird die das Böse überwindende Güte Gottes deutlicher offenbart als am Kreuz. Auf Golgatha – der „Schädelstätte“ – zertrat Gottes Güte den Kopf der Schlange, genau wie er es versprochen hatte (siehe 1. Mose 3,15). Das gesamte Leben, der Tod und die Auferstehung Jesu sind ein einziger Beweis für Gottes Herzensgüte uns gegenüber. Wie Paulus an Titus schreibt:

> *Als aber die Güte und die Menschenliebe unseres Retter-Gottes erschien, rettete er uns, nicht aus Werken, die, in Gerechtigkeit vollbracht, wir getan hätten, sondern nach seiner Barmherzigkeit.*

Warum hat Jesus mich gerettet? Nicht, weil ich gut war, sondern weil er gut ist; nicht nach dem, was ich verdient habe, sondern „nach seiner Barmherzigkeit“. Genau das macht unsere Botschaft zu einer *guten* Nachricht.

Und das bedeutet auch, dass Jesus unsere Leiden nicht fremd sind. Der natürlichste Impuls seines Herzens ist es, sich den Sündern und Leidenden mit Güte und Freundlichkeit zuzuwenden. Die Frage ist: Werden wir ihm vertrauen?

Ihn schmecken, damit wir ihm vertrauen

In den meisten von uns hat das Leben die kindliche Unschuld zerstört, als wir unser Vertrauen frei und großzügig anderen schenkten. Wir haben gelernt, dass unsere Welt von gebrochenen Menschen geprägt ist, die gebrochene Strukturen schaffen und gebrochene Versprechen geben. Wo entdecken wir die Kraft zum Vertrauen? David sagt uns in den Psalmen:

Schmeckt und seht, dass der HERR gütig ist! (Psalm 34,9)

David lädt uns ein, Gottes Güte nicht nur anzuerkennen, sondern auch zu schmecken. Sie zu erfahren. In ihr zu wohnen. Vertrauen zu einem anderen Menschen entwickeln wir erst, wenn wir seine Güte erleben. Oder wie ein Autor es ausdrückt: „Du wirst [Gott] in dem Maße vertrauen, wie du weißt, dass du von ihm geliebt wirst.[25] Das Kreuz Christi könnte keine deutlichere Botschaft verkünden. Wie ein sicherer Hafen für ein Schiff, wie ein Schutzraum in einem Tornado wird Gottes Güte in Christus uns gegenüber zu einem Ort, an den sich unser Herz flüchten kann. Wenn Gott gut ist, Gutes tut und durch das Wirken Jesu sogar das Böse zwingt, zu unserem Wohl zu wirken, dann können wir ihm in jeder Prüfung, die uns begegnet, vertrauen.

In Gottes Hand wird selbst das größte Übel, das je begangen wurde (der Mord an Jesus), dazu gezwungen, das größte Gut zu bewirken. Das Gleiche gilt für uns. Wie ein erfahrener Judo-Ringer fängt Gottes Güte in Christus die Wucht jeder schmerzhaften Erfahrung in unserem Leben ab und lenkt sie kraftvoll um, damit sie unserer Heiligung und uns zum Guten dient.

Schmerz: der Diener meiner Heiligung

Keiner von uns mag Schmerz, und nur ein Narr würde ihn suchen. Aber wir sollten auch nicht überrascht sein, wenn wir ihm begegnen. Paulus möchte, dass wir davon überzeugt werden, dass unsere Leiden tatsächlich eine Rolle bei der Vorbereitung auf unsere ewige Zukunft spielen!

> *Deshalb ermatten wir nicht, sondern wenn auch unser äußerer Mensch aufgerieben wird, so wird doch der innere Tag für Tag erneuert. Denn das schnell vorübergehende Leichte unserer Bedrängnis bewirkt uns ein über die Maßen überreiches, ewiges Gewicht von Herrlichkeit. (2. Korinther 4,16-17)*

Paulus redet unsere Kämpfe nicht klein; er kennt sie alle (und wahrscheinlich noch einige mehr) mit Namen. Vielmehr maximiert er unsere Hoffnung. Zu wissen, dass unsere Leiden uns auf eine unvergleichliche Herrlichkeit vorbereiten, bedeutet, dass wir ehrlich mit unseren Problemen umgehen können, ohne darüber krank zu werden.

Denken Sie einmal darüber nach! Dienen Schwierigkeiten nicht dazu, die verborgenen Götzen zu entlarven, die sich im Hintergrund meiner Erfolge tarnen? Bringen Schwierigkeiten nicht den geheimen Narzissmus ans Licht, der immer noch in den dunklen Ecken meines Herzens nach Ruhm jagt? Wirkt sich Enttäuschung nicht positiv auf mich aus, indem sie meine geheimen Ansprüche aufdeckt? Der Schmerz gehört zum Leben in dieser Welt wie die Schwerkraft; beide halten uns auf dem Boden der Tatsachen. Ich erinnere mich noch gut daran, wie ich dem amerikanischen Pastor Thabiti Anyabwile zuhörte, der uns die Beziehung zwischen Leiden und Erneuerung näherbrachte. An einem Punkt verwendete er dieses kraftvolle Bild:

> *Gott betrachtet unsere Leiden so wie das Blut seines Sohnes. Dein Leiden, lieber Christ, ist dein Sklave. Dein Leiden arbeitet für dich, um ein „über die Maßen überreiches, ewiges Gewicht von Herrlichkeit" zu erzeugen. Das nächste Mal, wenn das Leid dein Zimmer betritt, sage: „Willkommen, mein Sklave! Erzeuge für mich die Herrlichkeit, die Gott vorgesehen hat!"*[26]

Alle Dinge für das Gute

Wenn wir unsere gegenwärtigen Schwierigkeiten an der zukünftigen Ewigkeit messen, können wir Ängste in Gebete und Müdigkeit in Mut verwandeln. In Gottes Hand wird jedes Leiden gezwungen, zum Wohl seiner Kinder zu wirken. Jede Prüfung, die sich gegen uns erhebt, wird dazu gebracht, uns zu dienen. Jeder Plan, den Satan schmiedet, wird nach hinten losgehen und die

Absichten Gottes verwirklichen. Jeder Verrat, jedes verleumderische Wort, jede Enttäuschung, jeder billige Schuss, jedes Versagen und jede nächtliche Angst – sie alle verlieren ihre Macht, uns zu schikanieren, wenn wir sie durch die ewige Linse von Gottes souveräner Güte sehen. Sie alle sind nichts anderes als von Gott eingesetzte Diener, die meiner Heiligung dienen. Wie Paulus in der zeitlosen Verheißung von Römer 8,28 sagt: „Wir wissen aber, dass denen, die Gott lieben, alle Dinge zum Guten mitwirken, denen, die nach seinem Vorsatz berufen sind." Paulus verstand, dass selbst die schlimmsten Dinge des Lebens dazu dienen, uns unserem Erlöser ähnlich zu machen (V. 29).

Haben Sie also keine Angst vor den Tälern, die vor Ihnen liegen! Seien Sie nicht überrascht, wenn der Weg Ihres Lebens eine Zeit lang bergab führt! Verkriechen Sie sich nicht in Selbstmitleid, wenn es scheint, als habe der Schatten der Finsternis die Oberhand gewonnen! Der Herr Jesus wird mit Ihnen durch das Tal gehen (Psalm 23,4). Und Sie können ihm vertrauen. Es werden Tage kommen, an denen Sie sich selbst als Ihr eigener Gegner empfinden. Das ist in Ordnung, denn Sie werden nie verlassen sein. Wenn Sie sich niedergeschlagen fühlen, verlieren Sie nicht den Mut! Schmecken Sie stattdessen gemeinsam mit Ihrem Erlöser die Niedrigkeit dieses Augenblicks und machen Sie sich klar, dass Sie zusammen mit ihm niemals vernichtet werden können (2. Korinther 4,9). Betrachten Sie Ihren Gott und seine unerschütterliche gütige Haltung denen gegenüber, die ihn lieben, und lassen Sie Ihr Herz mit dem Psalmisten singen: „Nur Güte und Gnade werden mir folgen alle Tage meines Lebens; und ich kehre zurück ins Haus des HERRN für immer" (Psalm 23,6). Wenn man über Gottes vollkommene Souveränität und Güte nachdenkt, kann man sich auf schwierige Zeiten vorbereiten, bevor sie kommen.

Warum können wir Jesus das gesamte Spektrum dessen anvertrauen, was uns bedrückt? Weil die Narben an seinem Körper von der Güte seines Herzens zeugen. Er webt jeden dunklen Faden in Ihrem Leben zu einem wunderschönen Wandteppich der Erlösung. Er verwandelt alle Ihre Leiden in die Frucht des Geistes. Kein einziger dunkler Tag wird vergeudet sein. Unser Seufzen wird sich in Herrlichkeit verwandeln.

Vertiefende Fragen und Anwendung

1. Wo haben Sie persönlich die Güte Gottes „geschmeckt", für die Sie ihm danken können?

2. Auf welche Weise verwandelt Jesus die Not in unseren Sklaven? Können Sie sich an Zeiten erinnern, in denen Sie das erlebt haben?

3. Wenn Sie schon von Gottes Güte überzeugt sind, bevor schwere Zeiten kommen, inwiefern verändert das Ihren Umgang mit diesen Zeiten?

7

Gott ist Liebe: Die Erfahrung von Schönheit in Beziehungen

„Wenn wir einander nicht lieben, hat die Welt das Recht zu fragen, ob der christliche Glaube wahr ist."
Francis Schaeffer

„Es war einmal ein Baum ... und der liebte einen kleinen Jungen."[27] So beginnt Shel Silversteins klassisches Bilderbuch für Kinder *Der Baum, der froh und glücklich war*. Was folgt, ist eine Parabel über Glück, Konsum und vor allem über die Liebe. Als der Junge klein ist, schenkt ihm der Baum seine Blätter für eine Krone, seine Äste, damit er klettern kann, und seine Äpfel, damit er sie genießen kann. „Und der Junge liebte den Baum ... und der Baum war glücklich."

Doch im Laufe der Zeit wird aus dem Jungen ein junger Mann. Seine einfache, kindliche Freude an dem Baum verändert sich. Jetzt will er Geld und Besitztümer. Der Baum, der den jungen Mann liebt, schenkt ihm seine Äpfel, sodass er sie karrenweise verkaufen kann. Und der Baum ist glücklich. Die Jahre vergehen, und der Junge, der jetzt ein Mann ist, wünscht sich ein Haus, um eine Familie zu gründen, und der Baum, der ihn liebt, sagt ihm, er solle seine Äste abschneiden und damit sein Haus bauen. Und der Baum ist glücklich. Weitere Jahre vergehen, und der Junge kommt in seinen mittleren Jahren zurück und wünscht sich ein Boot, um der Monotonie des Lebens zu entfliehen. Der

Baum, der den Jungen liebt, schenkt ihm seinen Stamm als Boot, und der Junge segelt davon. Und da steht er nun, nur noch ein Stumpf, wieder allein gelassen. Dann, eines Tages, kehrt der Junge, nun hochbetagt und des Lebens müde, zu dem Baum zurück. Alles, was er sich jetzt wünscht, ist ein Platz zum Ausruhen. Und der Baum, der den Jungen liebt, lädt ihn ein, sich auf seinen Baumstumpf zu setzen. Und der Baum ist glücklich.

Diese tiefgründige Kurzgeschichte schockiert uns – und mehr als 50 Jahre nach ihrer Erstveröffentlichung spaltet sie noch immer die Gemüter in diesem emotionalsten aller Foren: bei den Amazon-Rezensionen. Ist es, in den Worten eines Artikels der New York Times, eine „zärtliche Geschichte über bedingungslose Liebe oder eine verstörende Geschichte über Egoismus"? Vielleicht liegt das Geheimnis der Langlebigkeit dieses Buches in seiner Zweideutigkeit. Doch ich denke, die Geschichte erinnert uns an etwas, das den Kern der Existenz trifft: *Wirklich zu lieben bedeutet, sich selbst zu verschenken.* Wenn wir an die Menschen zurückdenken, die uns geliebt haben – Eltern, Großeltern, Freunde oder Familienmitglieder –, kommen wir nicht umhin zu erkennen, dass ihre Art zu lieben darin bestand, sich selbst für uns hinzugeben: die zahllosen Momente des geopferten Schlafs, des ausgegebenen Geldes, der geopferten Stunden, der aufgebrachten Geduld und der Ermutigung. Mit Worten, Taten und Opfern haben sie uns ihre Liebe auf unterschiedliche Weise und mit unterschiedlicher Intensität vermittelt. Sie haben uns erwiesen, wonach wir uns alle im tiefsten Inneren sehnen: Liebe.

Allerdings haben wir in unserem heutigen Sprachgebrauch eine recht merkwürdige Beziehung zu dem Wort „Liebe". Nehmen wir zum Beispiel meine Liebe zu meinen Kindern. Diese Liebe ist stark, intensiv und beschützend. Ich sage ihnen jeden

Tag: „Ich habe euch lieb“, und diese Liebe drückt sich darin aus, dass ich ihnen diene, dass ich für sie da bin (wie man so schön sagt: Für ein Kind wird „Liebe“ so geschrieben: Z-E-I-T).

Aber ich liebe auch Chicken Wings. Auch hier ist meine Liebe tief. Aber diese Liebe drückt sich darin aus, dass ich sie verschlinge. Viele davon. Wenn ein Beobachter aus einer anderen Welt hören würde, wie ich meine Liebe zu Chicken Wings erkläre, und dann sähe, wie ich diese Liebe demonstriere, gefolgt von einer Erklärung meiner Liebe zu meinen Kindern, wäre er verständlicherweise verwirrt (und würde vermutlich das Jugendamt anrufen).

Fügen wir also unserem Wortschatz eine weitere Beschreibung dieser essenziellen menschlichen Erfahrung hinzu: Schönheit in Beziehungen. Während wir mit dem Wort „Liebe“ oft die Bewunderung für etwas beschreiben, das uns etwas geben kann, beschreibt „Schönheit in Beziehungen“ eine starke Zuneigung zu jemand anderem, die sich in der Bereitschaft zeigt, unser Leben für ihn hinzugeben. Diese zweite Art der Liebe ist ein Attribut Gottes selbst, das sich mit unmissverständlicher Deutlichkeit im Kreuz Christi offenbart. Wenn sie sich horizontal in menschlichen Beziehungen auswirkt, geht sie viel tiefer als ein bloßes Gefühl oder eine flüchtige Romanze oder ein lüsternes Verlangen oder eine bloße Liebe zur „Liebe“. Diese Art von Liebe ist aktiv und hingebungsvoll. Sie ist die Schönheit der Beziehung, die Art und Weise, wie die Dinge sein sollen. Sie ist das, was Gott in seinem Innersten ist.

Gott ist Liebe

Zu den am häufigsten wiederholten Sätzen unter Christen gehört ein Satz, der wortwörtlich aus 1. Johannes 4,8 übernommen wurde: „Gott ist Liebe." Diese kurze Aussage ist sowohl wunderbar einfach als auch verblüffend tiefgründig. Und wir können sie aus drei Gründen mit Zuversicht bejahen.

Der erste Grund, warum wir wissen, dass Gott Liebe ist, ist, dass Gott selbst dies regelmäßig sagt. Im Alten Testament heißt es immer wieder, dass er reich an unerschütterlicher Liebe ist. Diese Worte, die zum ersten Mal von Gott gesprochen wurden, als er Mose auf dem Berg Sinai seine Herrlichkeit offenbarte (2. Mose 34,6; in vielen deutschen Übersetzungen allerdings mit „groß an Gnade/Güte" wiedergegeben), werden später von David als Grund für sein Vertrauen in den Herrn und seinen Lobpreis gesungen (Psalm 86,5; 103,8; 145,8). Es ist ein Satz, der vom Propheten Joel als Grundlage wiederholt wird, auf der Gottes abtrünniges Volk zu ihm zurückkehren und Buße tun kann (Joel 2,13). Und es ist der Grund, warum der entlaufene Prophet Jona sich weigerte, seinen Feinden in Ninive zu predigen, weil er wusste, dass ein Gott, der „groß an Güte" ist, ihnen Erweckung statt Vergeltung schenken würde, wenn sie sich ihm nur zuwandten (Jona 4,2).

Im Neuen Testament wird immer wieder Gottes aufopfernde Liebe – seine Agape-Liebe – erwähnt. Sie ist das wunderbare Geschenk eines heiligen Gottes an unwürdige Sünder, das nicht auf deren Verdienst zurückzuführen ist, sondern auf die schiere Größe von Gottes großzügigem Herzen (5. Mose 7,7-8; Römer 5,8). Um es mit den Worten von C. S. Lewis zu sagen: „Nicht weil wir so liebenswert sind, sondern weil er so liebevoll ist. Nicht weil er es nötig hat zu empfangen, sondern weil er sich freut zu geben."[28]

Zweitens: Gott ist Liebe, weil Gott dreifaltig ist. Haben Sie sich schon einmal gefragt, was Gott vor der Erschaffung der Welt gemacht hat? Welche Erfahrungen hat er gemacht, bevor es Sonne und Mond, Land und Ozeane, Lebewesen und Menschen gab? War er einsam? Oder gar gelangweilt? Ganz und gar nicht! Gottes Erfahrung mit sich selbst in der vergangenen Ewigkeit war eine überströmende, herrliche, vollkommene Liebe zwischen dem Vater, dem Sohn und dem Geist. Jesus hat uns das in Johannes 17,24 gezeigt, als er betete: „Vater ... du hast mich geliebt vor Grundlegung der Welt." Der Vater ist die Quelle und der Ursprung dieser dreifaltigen Liebe. Der Sohn ist der vollkommene Ausdruck der dreifaltigen Liebe. Der Geist ist das immerwährende Wirken der dreifaltigen Liebe.

Weil Gott Liebe ist – und weil seine Schöpfung aus seinem Charakter hervorgeht –, bedeutet dies, dass Liebe die Grundlage der gesamten menschlichen Realität ist. Sie untermauert die gesamte Funktionsweise des Universums. Wenn es keinen Gott der Liebe gäbe, wäre das Universum nichts weiter als ein sinnloses Chaos, in dem, wie der Autor Reynolds Price schreibt, „sinnlose Atome und bösartige Kreaturen die schrecklichen Festspiele ihres Willens aufführen".[29] Oder wenn es einen Gott gäbe, der aber nicht dreifaltig wäre – wie es in der muslimischen Vorstellung von Allah der Fall ist –, dann könnte ein solches göttliches Wesen keine Liebe sein, da es vor der Erschaffung der Welt eine Zeit gegeben hätte, in der er ganz allein war. Und wahre Liebe kann nur in einer Beziehung existieren. Wahre Liebe muss gegeben werden.

Doch Gott ist Liebe, weil Gott dreifaltig ist. Gott ist in sich selbst die Quelle und die Vollkommenheit aller Schönheit von

Beziehungen. Er war nie einsam; der Vater, der Sohn und der Geist haben in aller Ewigkeit Liebe in ihrer reinsten Form gegeben und empfangen. Und genau hier, in der Lehre von der Dreieinheit, können wir tatsächlich einige der wichtigsten menschlichen Fragen beantworten: *Warum sind wir hier? Was ist der Sinn des Lebens? Und warum, um Himmels willen, sollte ein Gott, der die höchst befriedigende Erfahrung der göttlichen Liebe bereits in sich trug, den ständig nörgelnden, ständig egozentrischen kosmischen Kopfschmerz erschaffen, der als Menschheit bekannt ist?* „Es gibt nur eine Antwort", schreibt Timothy Keller. „Er muss uns geschaffen haben, nicht um Freude zu bekommen, sondern um sie zu geben."[30]

Wenn Gott in sich selbst eine Beziehung von reiner und unverfälschter Schönheit ist und wir nach seinem Bild geschaffen wurden (1. Mose 1,26), dann hat er uns geschaffen, damit wir genau diese Erfahrung machen: vertikal mit ihm und horizontal mit anderen. Warum hat Gott eine Welt erschaffen? Um uns an der Erfahrung der Schönheit teilhaben zu lassen, die er seit Ewigkeiten besitzt. Wie Jesus in den vorangehenden Versen von Johannes 17 zum Vater betete:

> *Und die Herrlichkeit, die du mir gegeben hast, habe ich ihnen gegeben, dass sie eins seien, wie wir eins sind – ich in ihnen und du in mir –, dass sie in eins vollendet seien, damit die Welt erkenne, dass du mich gesandt und sie geliebt hast, wie du mich geliebt hast. (Johannes 17,22-23)*

Drittens ist Gott Liebe, weil er in seiner Selbsthingabe am großzügigsten ist. Wie Silverstein uns gezeigt hat, verschenkt sich die Liebe selbst, ganz im Gegensatz zur Selbstverliebtheit eines jungen Menschen. Und einer Welt, die es nicht verdient hat, hat Gott das kostbarste aller Geschenke gemacht: sich selbst.

Geliebt von Himmel zu Himmel

„Denn so hat Gott die Welt geliebt, dass er seinen einzigen Sohn gab, damit jeder, der an ihn glaubt, nicht verloren geht, sondern ewiges Leben hat" (Johannes 3,16). Und Jesus hat uns nicht nur seine Gegenwart geschenkt – er „liebte [uns] bis ans Ende" (Johannes 13,1), indem er sein eigenes Leben gab. Er starb bereitwillig für uns. Und hier sehen wir, dass die Schönheit der Beziehung und die Hingabe der aufopfernden Liebe untrennbar miteinander verwoben sind. Wie Jesus am Vorabend seines Todes sagte: „Größere Liebe hat niemand als die, dass er sein Leben hingibt für seine Freunde" (Johannes 15,13).

Darf ich diese Wahrheit ein wenig tiefer in Ihr Herz versenken?

Jesus hat Sie bis in den Tod geliebt, bevor Sie auch nur ein einziges Molekül der Liebe in Ihrem Herzen hatten.

Jesus hat Sie bis in den Tod geliebt, bevor Sie ein Wort gebetet, einen Vers gelesen oder einen Cent gespendet haben.

Jesus hat Sie an Ihrem schlimmsten Tag bis in den Tod geliebt, nicht an Ihrem besten.

Jesus hat Sie bis in den Tod geliebt und wusste, wie oft Sie ihn verleugnen würden (wofür Sie die Hölle verdient hätten), bevor Sie sich ihm zuwandten. Und auch, wie oft danach. Er trug Ihre Strafe in vollem Umfang.

Jesus liebt Sie mit einer Liebe, die so verblüffend ist in ihrer „Breite und Länge und Höhe und Tiefe", dass sie die Erkenntnis übersteigt (Epheser 3,18-19). Es ist eine Liebe, die in ihrer Breite größer ist als all Ihre Rebellion; in ihrer Länge dauerhafter als die Existenz des Universums; in ihrer Höhe so erhaben, dass sie jede menschliche und dämonische Anschuldigung übertrifft; und in ihrer Tiefe so unermesslich, dass seine Arme immer tiefer reichen, egal, wie tief Sie fallen. Riesig, dauerhaft, überragend und unermesslich; wir würden eher die Ozeane unseres Planeten trockenlegen als die Liebe Christi zu denen, die ihm gehören. Wie Frederick Lehman in seinem wunderbaren Lied „The Love of God is Greater Far" zum Ausdruck bringt:

Könnten wir mit Tinte die Ozeane füllen,
Und wäre der Himmel aus Pergament;
Wäre jeder Halm auf Erden ein Federkiel,
Und jeder Mensch ein Schreiber von Beruf;
Die Liebe Gottes zu beschreiben
würde die Ozeane austrocknen,
Und die Schriftrolle könnte es nicht fassen,
würde sie sich auch von Himmel zu Himmel erstrecken.[31]

Liebe zum Montagmorgen

Als der berühmte Gelehrte Karl Barth 1962 gebeten wurde, sein theologisches Lebenswerk in einem einzigen Satz zusammenzufassen, antwortete er: „Jesus liebt mich, das weiß ich, denn die Bibel sagt es mir."[32] Zu wissen, dass man von Jesus geliebt wird und nichts getan hat, um das zu verdienen, ist das Heilmittel gegen all unsere Unruhe, das Gegenmittel gegen all unsere Ansprüche und die Verteidigung gegen jede sündige Versuchung. Die

Gewissheit, aus reiner Gnade von ihm angenommen zu sein, ist das Heilmittel gegen jede Midlife-Crisis und jeden Montagmorgen-Blues, jeden Erschöpfungsmoment, jeden Herzschmerz, jede falsche Anschuldigung, jedes verletzende Wort des Klatsches, jede Minute menschlicher Einsamkeit und jeden Moment, wenn sich die Dinge nicht so entwickeln, wie man es sich erhofft hat. Der Pfarrer Martyn Lloyd-Jones wusste das und sagte:

> *In gewissem Sinne besteht das ganze Ziel des Christseins darin, dass du die Liebe Jesu Christi kennenlernst, seine persönliche Liebe zu dir; dass er dir in unmissverständlicher Sprache sagt, dass er dich liebt, dass er sich für dich hingegeben hat, dass er dich mit ewiger Liebe geliebt hat.*[33]

Gibt es ein größeres Privileg, als von Jesus geliebt zu werden? Geliebt zu werden mit einer Liebe, die nicht wankelmütig oder launisch ist, sondern immerwährend? Einer Liebe, die nicht mit unserer Leistung für Gott auf und ab schwankt, sondern unerschütterlich sicher ist in Jesu vollkommenem Leben und seiner Liebe zu uns? „Hierin ist die Liebe: Nicht dass wir Gott geliebt haben, sondern dass er uns geliebt und seinen Sohn gesandt hat als eine Sühnung für unsere Sünden" (1. Johannes 4,10). Können Sie das glauben? Gott wird vor nichts Halt machen – nicht einmal vor unserer Torheit oder Feindseligkeit oder Dummheit –, um die Seinen unverdientermaßen zu lieben, bis hin zur Herrlichkeit.

Weil sie die wahrhaftigste Liebe von allen ist, ist die göttliche Liebe eine Liebe, die handelt.

Sie ist wie der Prophet Hosea, der an seiner untreuen Frau Gomer mit unnachgiebiger Zärtlichkeit festhält (Hosea 1–3).

Sie ist wie ein Mensch, der alles verkauft, was er hat, um den Schatz zu finden, der in einem staubigen Feld vergraben ist (Matthäus 13,44).

Sie ist Christus, der sein Leben hingibt, um uns unseren Platz in Gottes Familie zu sichern.

Schönheit und Glaubwürdigkeit

Die Liebe, die Jesus uns schenkt, ist die treibende Kraft für die Liebe, die er von uns verlangt. Die Liebe ist das, woran die Seinen erkannt werden sollen. In der Nacht vor seinem Tod sagte Jesus zu seinen Jüngern: „Ein neues Gebot gebe ich euch, dass ihr einander liebt, damit, wie ich euch geliebt habe, auch ihr einander liebt. Daran werden alle erkennen, dass ihr meine Jünger seid, wenn ihr Liebe untereinander habt" (Johannes 13,34-35). Der Anspruch des Evangeliums, einander zu lieben, „wie ich euch geliebt habe", schafft eine evangeliumsgemäße Kultur der „Liebe untereinander". Die horizontale Schönheit unter bekennenden Christen ist ein starkes Argument für die Realität Gottes. Das geht so weit, dass für Christus die Schönheit menschlicher Beziehungen der wichtigste Beweis für die Echtheit unseres Glaubens ist. In Johannes 13,35 verbindet Jesus die Glaubwürdigkeit unserer Botschaft mit der Schönheit unserer Beziehungen. Mehr als je zuvor leben wir in einer Zeit, in der die Menschen sehen müssen, dass das Evangelium attraktiv ist, bevor sie über dessen Wahrheitsgehalt nachdenken. Und immerhin hat unser Herr nicht gesagt, dass man uns an der Großartigkeit unserer Wunder oder an der Exzellenz unserer Programme oder sogar an der Präzision unserer Lehre erkennen wird (so wichtig all das auch ist), sondern an unserer Liebe zueinander. Der frühe Kirchenvater Tertullian sagte, dass die heidnische Welt Roms auf die Christen blickte und ausrief: „Seht, wie diese Christen einander lieben, sie sind sogar bereit, füreinander zu sterben!" Was könnte in unserer Zeit geschehen, wenn die Welt eine solche Schönheit der Beziehungen in unseren Gemeinden vorfände?

Paulus schreibt in Epheser 4,1-2:

> *Ich ermahne euch nun, ich, der Gefangene im Herrn: Wandelt würdig der Berufung, mit der ihr berufen worden seid, mit aller Demut und Sanftmut, mit Langmut, einander in Liebe ertragend!*

Das würdige Leben – das Leben, in das wir durch das Opfer Jesu gerettet wurden – ist ein von Liebe geprägtes Leben. Ein Leben, in dem wir bereitwillig in die Fußstapfen unseres Erlösers treten und uns selbst in andere investieren. Nirgendwo zeigt sich dies deutlicher als in der Art und Weise, wie wir in unseren Gemeinden miteinander umgehen. Gemeinden, die von dem Gebot der Liebe überzeugt sind, werden zu Orten, an denen das neutestamentliche „Einander" zu einer regelmäßigen Erfahrung in unserem gemeinsamen Leben wird. Einander vergeben, sich ehren und sich einander hingeben, all das wird zur Normalität. Sich zu verstellen, zu posieren und sich voneinander abzugrenzen wird befremdlich. Und warum? Weil sich die Liebe Christi in unseren Herzen festgesetzt hat.

Das Vorhandensein von biblischen Notwendigkeiten wie Demut, Sanftmut, Geduld und Liebe in der Gemeinde Gottes bestätigt unsere Botschaft des Evangeliums. Fehlt in einer örtlichen Gemeinde diese Beziehungsschönheit, verunstaltet das unsere

Wahrheit mit einer dem Evangelium entgegengesetzten Hässlichkeit. Das war noch nie so wichtig wie in unserem heutigen Zeitalter der ständigen Empörung und des Beharrens auf den eigenen theologischen Standpunkten.

Was wäre, wenn wir die Warnung des Paulus ernst nähmen, nicht nur auf unsere Lehre, sondern auch auf unser Leben zu achten (1. Timotheus 4,16), weil wir die Schönheit der Beziehungen ebenso hoch einschätzen wie die Genauigkeit der Lehre? Was wäre, wenn wir völlig davon überzeugt wären, dass sich das Vorhandensein von Wunderkräften und die Kenntnis theologischer Geheimnisse ohne Liebe als negativ in Gottes Mathematik erweist (1. Korinther 13,2)? Was wäre, wenn diejenigen von uns, die an der Lehre von der Gnade festhalten, genauso dogmatisch wären, was das Vorhandensein der Gnade in unseren Gemeinden angeht? Was wäre, wenn die Gemeinde Gottes in den kommenden Jahrzehnten die schwierigen Lektionen nicht nur der „Nächstenliebe", sondern auch der „Feindesliebe" neu erlernen würde?

Unsere zunehmend zornige Welt wird erkennen, dass unsere gute Nachricht wahr ist, wenn die Schönheit der Beziehungen, die Gott widerspiegeln, in unserem Umgang miteinander zum Vorschein kommt. „Größere Liebe hat niemand als die, dass er sein Leben hingibt für seine Freunde" (Johannes 15,13). Wir können nicht oft ehrlich sagen, dass wir andere auf diese Weise geliebt haben; aber wir können immer von ganzem Herzen sagen, dass Jesus uns auf diese Weise geliebt hat. Was für ein Privileg ist es, als sein Freund zu gelten!

Vertiefende Fragen und Anwendung

1. Inwiefern haben Sie erlebt, dass Beziehungsschönheit in der Gemeinde die Botschaft des Evangeliums stärkt? Inwiefern haben Sie erlebt, dass ihr Fehlen der Botschaft des Evangeliums schadet?

2. Was geschieht in Ihrem Herzen, wenn Sie sehen, dass Gott vor nichts Halt macht, um die Seinen, ohne dass sie es verdienen, zu lieben, bis hin zur Herrlichkeit?

3. Wo in Ihrem Leben sind Sie versucht, die Liebe Jesu zu minimieren?

4. Wo in Ihrem Leben haben Sie am meisten damit zu kämpfen, anderen diese Beziehungsschönheit zu zeigen? Wie wirkt sich das Evangelium auf diesen Kampf aus?

8

Gott kommt nie zu spät: Die Erfahrung der Geduld

„Mach nicht so ein trauriges Gesicht.
Wir werden uns bald wieder begegnen."
„Bitte, Aslan", sagte Lucy, „was nennst du bald?"
„Ich nenne alle Zeiten bald", sagte Aslan,
und im nächsten Moment war er verschwunden.
C. S. Lewis, *Die Reise auf der Morgenröte*

Wir sind nicht gut im Warten. Na ja, ich zumindest nicht. Einmal, als ich 13 Jahre alt war, wurde ich von meiner Ungeduld auf spektakuläre Weise überwältigt. Ich war allein zu Hause, während der Rest meiner Familie Besorgungen machte. Ich konnte es nicht länger ertragen, nicht zu wissen, was sich auf der anderen Seite des rot-goldenen Geschenkpapiers befand, das die verschiedenen Schachteln unter unserem Weihnachtsbaum bedeckte. Es schien fast so, als würden mich diese bunten Muster verhöhnen, ja, sogar herausfordern. Und an diesem Tag siegte die Neugierde über die Selbstbeherrschung. Schon eine Woche vor Weihnachten packte ich die Geschenke unter dem Baum aus, die mit meinem Namen versehen waren. Gefolgt von den Geschenken, auf denen die Namen aller anderen standen.

Jedes. Einzelne. Geschenk.

Natürlich wollte ich mich nicht erwischen lassen wie ein Haustier, das Chaos angerichtet hat und dann den Rest des Tages warten muss, bis es zur Rechenschaft gezogen wird, wenn sein

Herrchen nach Hause kommt. Da ich von meinem Schöpfer das Geschenk zweier einander gegenüberliegender Daumen erhalten hatte, packte ich jedes Geschenk sorgfältig wieder ein, um den Verdacht und die anschließende Bestrafung durch meine Eltern zu vermeiden.

Und – es funktionierte. Ich verbrachte den ganzen Weihnachtsmorgen damit, mit offenem Mund Überraschung vorzutäuschen, während wir die Geschenke auspackten (sorry, Mum). Und das alles nur, um von diesem Gespenst der Ungewissheit, das wir Warten nennen, befreit zu sein.

Sind wir bald da?

Es ist genau diese Unfähigkeit, geduldig zu warten, die jeden von uns in ein Lebensmuster zieht, in dem wir ständig in Eile sind. Wir haben es immer eilig, irgendwo hinzukommen, wo wir gerade nicht sind, oder jemand zu werden, der wir gerade nicht sind. Wenn wir durch die lächelnden Highlights in unseren Instagram-Feeds scrollen, werden wir unmerklich von einem Gefühl kosmischer FOMO (*fear of missing out* = die Angst, etwas zu verpassen) angetrieben.

Angst davor, das zu verpassen, was als Nächstes ansteht. Angst, das Leben zu verpassen.

Das Ergebnis ist eine Geschwindigkeitssucht, die unser Leben gehörig beeinträchtigt. Wir rasen durch unsere Gespräche, unsere Gedanken, unsere Aufgabenlisten, unsere Entscheidungen, unsere Lieblingsserie auf Netflix, unsere Mahlzeiten und letztlich unser Leben, als würden wir von der Polizei gejagt. Wir bestellen etwas online und erwarten, dass es innerhalb weniger Tage eintrifft. Wehe denjenigen, die lässig vor uns durch den Flughafen trödeln oder die Dreistigkeit besitzen, auf der Überholspur unter dem Tempolimit zu fahren! Ist den Leuten nicht klar, dass wir etwas zu erledigen haben? Und selbst wenn wir uns dieser Tendenz bewusst sind, scheinen unsere Gebete immer noch zu lauten: „Herr, bitte mach mich geduldig ... und zwar sofort!" Warum kann Gott sich nicht einfach beeilen?

Diejenigen von uns, die in westlichen Kulturen leben, sind im Allgemeinen so rastlos und ungeduldig wie ein Vierjähriger auf einer Reise quer durchs Land. „Sind wir bald da? Wie lange noch?", ertönt die Stimme auf dem Rücksitz unseres Herzens, während wir kaum das Ende unserer Straße erreicht haben. Wir denken uns: *Wenn ich erst einmal „dort" angekommen bin, wird alles gut werden.* Aber die Wahrheit ist: Die Vorstellung, durch unser ständiges Streben nach unserem persönlich definierten „Dort" jemals zufrieden zu sein, ist nichts weiter als eine Fata Morgana. Sie schimmert am Horizont unserer Vorstellungskraft, lockt uns aber nur immer tiefer in eine Wüste der Unzufriedenheit.

Stattdessen müssen wir lernen, im Rhythmus des Heiligen Geistes zu leben. Was wäre, wenn wir die Treue Gottes wirklich verstehen würden, die Perfektion seines Zeitplans und dass er sich noch nie verspätet hat?

Der Gott, der niemals zu spät kommt

In einer Welt, die sich so kontinuierlich verändert wie die Oberfläche des Ozeans, in der die Windstöße der Kulturen jeden Augenblick ihre Richtung ändern können, steht Gottes Treue fest und sicher. Seine Zusage, seine Pläne zur rechten Zeit zu erfüllen, ist so unerschütterlich wie der Mount Everest angesichts eines Schreibtischventilators. Er ist der ewige Gott, der außerhalb der Zeit existiert und sich ungehindert in ihr bewegen kann. Wie wir zuvor in diesem Buch gesehen haben, ist Gott nicht nur *überall*, sondern auch *jederzeit* gegenwärtig. Wie könnte ein Gott, der die Zeit in den Händen hält, so wie Sie dieses Buch halten, jemals „zu spät" sein? Jen Wilkin fasst dies perfekt zusammen:

> *Er ist gleichzeitig der Gott der Vergangenheit, der Gegenwart und der Zukunft, der die Zeit seinem vollkommenen Willen unterwirft und nicht durch ihre Zwänge eingeschränkt ist. Die Vergangenheit birgt für ihn keine verpassten Chancen. Die Gegenwart birgt für ihn keine Ängste. Die Zukunft birgt für ihn keine Ungewissheit.*[34]

Gottes Treue wird in der Heiligen Schrift beschrieben als bis zum Himmel reichend (Psalm 36,6), als eine allumfassende Realität, die nur ihm eigen ist (Psalm 89,8), und als ein Schild, unter dem wir Zuflucht finden können (Psalm 91,4). Sowohl das kürzeste als auch das längste Kapitel der Bibel erinnern uns daran, dass Gottes Treue ewig währt für alle Generationen (Psalm 117,2; Psalm 119,90). In einer Welt der gebrochenen Versprechen und des Verrats können wir nach Hause kommen, um in einem Gott zu ruhen, der in jeder Hinsicht, in jedem Aspekt und in jedem Zeitalter unendlich treu ist.

Eine weitere Möglichkeit, Gottes Treue zu verstehen, besteht darin, auf die Bilanz seiner erfüllten Verheißungen zurückzublicken. Gott, der Verheißungsgeber, ist der perfekte Verheißungserfüller. Wenn Gott ein Versprechen macht, hält er es auch. Gott macht uns seine Treue immer wieder durch den Propheten Jesaja bekannt. Er erklärt, dass sein Wort „nicht leer zu mir zurückkehren [wird], sondern es bewirkt, was mir gefällt, und führt aus, wozu ich es gesandt habe“ (Jesaja 55,11). Was er erwägt, geschieht, was er beschließt, kommt zustande (Jesaja 14,24). Kein Wunder, dass der Prophet antwortet: „Ich will dich erheben, preisen will ich deinen Namen. Denn du hast Wunder gewirkt, Ratschlüsse von fern her, Treue und Wahrheit“ (Jesaja 25,1). Das wissen wir auch aus unseren Lieblingsgeschichten der Heiligen Schrift.

Als Gott Abraham versprach, dass er seine Nachkommen zu einem mächtigen Volk machen würde ...

Als Gott Josef versprach, dass er von seiner ganzen Familie gesegnet werden sollte ...

Als Gott Mose versprach, Israel von einem rücksichtslosen Diktator zu befreien ...

Als Gott Hanna ein Kind, David ein Königreich und Maria den Messias versprach ...

... blieb Gott seinem Versprechen treu. Mit den Worten Davids: „Der Ratschluss des HERRN bleibt ewig bestehen, die Gedanken seines Herzens von Generation zu Generation“ (Psalm 33,11).

Das heißt aber nicht, dass wir immer das bekommen, was wir wollen und wann wir es wollen. Der vorangegangene Vers erinnert uns daran: „Der HERR macht zunichte den Ratschluss der Nationen, er vereitelt die Gedanken der Völker“ (Psalm 33,10). Viele unserer Enttäuschungen rühren von unserer Anspruchshaltung her, Gott schulde uns alles, was wir uns wünschen, oder habe uns versprochen, uns in unserer Situation etwas Bestimmtes zu geben, was er in Wirklichkeit nie versprochen hat. Bei anderen von uns rührt die Enttäuschung von einer Denkweise her, die eher von Mikrowellen als von Marathons geprägt ist. Wir wissen einfach nicht, wie man *wartet*.

Sicherlich gibt es in der Heiligen Schrift einige Personen, bei denen sich eine Verheißung Gottes sofort erfüllte. Andere warteten ihr ganzes Leben lang und verpassten so vermeintlich jede Menge Gelegenheiten. Josef verbrachte fast 14 Jahre zwischen seinen Träumen und seinem Thron. Bei David waren es 15 Jahre. Für andere erfüllte sich die Verheißung erst in ihren Nachkommen, viele Generationen später. Aber am letzten Tag wird es keinen einzigen Menschen geben, der vor dem Thron Gottes steht, die Hand hebt und sagt: „Ich glaube, du hast etwas vergessen."

Welche größere Kraft gibt es für ein von Geduld geprägtes Leben als die Erkenntnis, dass Gott einen perfekten Plan hat, der zur perfekten Zeit geschehen wird und der nicht ein einziges Mal durch unsere Fähigkeit gefährdet wird, die Dinge zu verpfuschen?

Wie würde sich Ihr Leben verändern, wenn Sie wirklich glauben, dass Gott mehr Geduld mit Ihnen hat, als Sie jemals mit sich selbst haben werden? Wenn Sie zutiefst davon überzeugt sind, dass der Gott, der ein Werk in jemandem beginnt, noch nie versäumt hat, das Angefangene zu Ende zu bringen (Philipper 1,6)? Wenn Sie tief in Ihrem Inneren wissen, dass er trotz all Ihrer Sünden und Unzulänglichkeiten nicht ungeduldig auf die Uhr blickt, während Sie auf dem Weg der Heiligung sind und schon aufgeben möchten, weil die Veränderung zu lange dauert? Genau das Gegenteil ist der Fall. Gott würde eher aufhören, Gott zu sein, bevor er die Versprechen, die er seinen Kindern gegeben hat, nicht mehr einhält. Wie Jeremia betont, ist seine Liebe unaufhörlich, seine Barmherzigkeit unendlich und seine Gnade jeden Morgen neu. Warum? Denn „groß ist [seine] Treue" (Klagelieder 3,22-23).

Er ist treu in seinen Absichten.

Er hält seine Versprechen.

Er bringt zu Ende, was er begonnen hat, und zwar in angemessener Zeit.

Er ist nie in Eile.

Jesus: pünktlich auf die Minute

Jesus ist die Verkörperung von Gottes Treue zu seinen Verheißungen. Wann immer wir versucht sind, Gottes scheinbare „Verzögerung“ so zu deuten, als habe er uns vergessen oder seine Meinung geändert, brauchen wir nur auf Jesus zu schauen. Paulus erinnert die Christen in Galatien daran: „Als aber die Fülle der Zeit kam, sandte Gott seinen Sohn ...“ (Galater 4,4). Den Christen in Rom sagt er: „Denn Christus ist, als wir noch kraftlos waren, für Gottlose gestorben“ (Römer 5,6). Gottes von Anfang an bestehender Plan, Christus zu senden, erfüllte sich genau zu dem Zeitpunkt, den Gott beabsichtigt hatte. Keinen Tag zu früh und keinen Tag zu spät. Indem er Jesus zu uns sandte, zeigt uns Gott, dass er treu ist. Und im Leben Jesu finden wir eine beispielhafte Geduld, die sich an der Zeitplanung und den Absichten des Vaters erfreut.

Wenn wir die Evangelien lesen, sehen wir in Jesus einen Menschen, der nie in Eile ist. Jesus lebte geduldig im Rhythmus des Heiligen Geistes und nach dem Zeitplan seines Vaters. Als Junge verweilte er im Tempel, im Haus seines Vaters (Lukas 2,41-49), weil es noch nicht Zeit war zu gehen. Immer wieder betrachtete er Unterbrechungen nicht als Störung seiner (oder anderer Leute) Pläne, sondern als Teil des väterlichen Plans. Lesen Sie einfach die Abfolge der Ereignisse in Matthäus 9,18-26, wo sogar die Unterbrechungen seines Tagesablaufs von Jesus unterbrochen werden! C. S. Lewis bringt dies auf den Punkt:

> *Das Beste ist, wenn man aufhören kann, all die unangenehmen Dinge als Unterbrechung des „eigenen", des „wirklichen" Lebens zu betrachten. Die Wahrheit ist natürlich, dass das, was man Unterbrechungen nennt, genau das wirkliche Leben ist – das Leben, das Gott einem Tag für Tag schickt: Was man sein „wirkliches Leben" nennt, ist ein Phantom der eigenen Fantasie.*[35]

Ob es nun die kleinen, täglichen Unterbrechungen sind oder das ganze Jahr, wie leben Sie in den Zeiten des Wartens, die Gott bestimmt? Wenn Sie wie ich noch in der Schule der Geduld sind, haben Sie dann jemals daran gedacht, dass Jesus – der die Welt retten, Menschen heilen, die frohe Botschaft verkünden und Sühne leisten musste – 30 Jahre lang im Handwerk seines Stiefvaters arbeitete, galiläische Möbel baute, von Sägemehl bedeckt war und die Namen der Bäume lernte? Und als es dann endlich an der Zeit war, nach seiner Taufe durch Johannes öffentlich aufzutreten, begann es mit ... noch mehr Warten.

In der Wüste.

Wo er vom Satan in Versuchung geführt wurde.

Jedes Mal, wenn Satan dort in der Wüste versuchte, den Dienst Jesu zum Scheitern zu bringen, versuchte der Teufel, dem Plan Gottes vorauszueilen.

Als Erstes sehen wir die Eile der unmittelbaren Befriedigung: „Sprich, dass diese Steine Brote werden!" (Matthäus 4,3). Zweitens kam die Versuchung, sich mit einer spektakulären Darbietung zu beweisen: *Wenn du wirklich der Sohn Gottes bist, dann beweise es! Wirf dich vom Tempel und lass dich von den Engeln auffangen!* (vgl. V. 5-6). Schließlich bot ihm Satan noch den Köder aus weltweiter Herrlichkeit und Macht (V. 8-9).

Jede dieser Versuchungen – Befriedigung, Legitimitierung und Ruhm – hatte mit dem richtigen Zeitpunkt zu tun. Irgendwann würde das Fasten Jesu ein Ende haben, seine Identität als Messias würde bestätigt werden, und die Herrlichkeit der Reiche der Erde würde ihm gehören. Aber noch ist es nicht so weit. Und in diesem Noch-Nicht vertraute Jesus geduldig auf das Timing des Vaters.

Nicht ein einziges Mal in seinem Leben finden wir Jesus in Eile. Es ist sowohl die Treue Gottes, an die wir uns erinnern müssen, als auch die Geduld Gottes, die wir nachahmen müssen. Jesus lebt uns vor, wie wir die Spannung von etwas annehmen können, das bereits gegeben, aber noch nicht vollendet ist. In Jesus ist das Reich Gottes gekommen – aber es wird auch noch kommen. Gott ist nicht langsam, wenn es um die Erfüllung seiner Pläne geht. Er führt sie genau so aus, wie er es beabsichtigt. Im Alten Testament hat Gott einen Messias versprochen. Und Jesus ist gekommen.

Im Neuen Testament hat Jesus versprochen, dass er wiederkommen wird. Und das wird er auch.

Ungeduld ist stolz

Als ich kürzlich in meiner Bibel nach dem Wort „Geduld" suchte, fiel mir schmerzlich auf, wie häufig ich dieses Wort übersehen hatte (wie ironisch). Wie konnte mir entgehen, dass dies das allererste Wort ist, mit dem Paulus die unfassbare Dimension der Liebe beschreibt? „Liebe hat Geduld" (1. Korinther 13,4; NeÜ).

Warum habe ich so lange gebraucht, um herauszufinden, dass das „würdige" Leben, zu dem Jesus mich erlöst hat, von Demut, Sanftmut, Liebe und ... Geduld geprägt ist (Epheser 4,1-2)?

Es ist wahr, dass ich immer noch ungeduldig bin. Ich esse immer noch zu schnell und bekomme regelmäßig jedes Jahr einen Strafzettel. Aber ich lerne, langsamer zu werden und auf das Tempo des Heiligen Geistes in meinem Leben und in unserer Gemeinde zu achten. Zunehmend entdecke ich die erfüllende Zufriedenheit, einfach still vor dem Herrn zu sein.

Und je mehr ich das tue, desto mehr erkenne ich, dass all meine Ungeduld in Wirklichkeit nur der Stolz ist, mein Timing für besser zu halten als Gottes Timing. Zu denken, dass mein Plan *der* Plan ist. Anzunehmen, Gott wolle meine Klugheit und nicht mein Vertrauen. Unterscheiden wir uns so sehr von Israel, wenn wir uns aus unserem Einfallsreichtum unser eigenes goldenes Kalb zusammenbauen, statt auf das zu warten, was nur aus Gottes Hand kommen kann? Ist es da ein Wunder, dass die Weisheitsschriften Geduld und Stolz einander gegenüberstellen? „Besser das Ende einer Sache als ihr Anfang, besser langmütig als hochmütig" (Prediger 7,8). Das ist die Art von Geduld, die ich zu kultivieren versuche. Wollen Sie sich mir anschließen?

Geduld ist eine (Missions-)Tugend

In seinem aufschlussreichen Buch *The Patient Ferment of the Early Church* (Die Geduld in der frühen Kirche) legt der Historiker Alan Kreider dar, dass eine der wesentlichen Tugenden der frühen Christen unter römischer Herrschaft die Geduld war. Da Gott geduldig war und Jesus die Geduld verkörperte, beschloss die frühe Gemeinde, dass „sie im Vertrauen auf Gott geduldig sein sollten – ohne die Ereignisse zu kontrollieren, nicht ängstlich oder in Eile, und niemals mit Gewalt, um ihre Ziele zu erreichen.“[36] Was für eine Lebensweisheit! Interessanterweise stammt die erste größere Abhandlung über eine christliche Tugend, die von den Kirchenvätern verfasst wurde, von Tertullian (etwa zu Beginn des 3. Jahrhunderts) und hieß *De Patientia* – „Von der Geduld“. Warum eine Abhandlung über Geduld zu einer Zeit, als das Christentum trotz vieler Verfolgungen in der ganzen Welt auf dem Vormarsch war? Tertullian verstand, welch bahnbrechendes Zeugnis Geduld in einer heidnischen Welt darstellte, wenn sie im Volk Gottes offenbar wurde.

> *Sie zieht die Heiden an, schmückt die Frau, vervollkommnet den Mann. Sie wird geliebt in einem Kind, gelobt in der Jugend, geschätzt im Alter. Bei Mann und Frau, in jedem Lebensalter, ist sie überaus anziehend.*[37]

Wenn auch wir dieses Zeitalter mit einem treuen Zeugnis durchdringen sollen, müssen die Kinder einer hektischen Welt etwas sehen, das sie an den Kindern Gottes fesselt. Sie müssen eine emotional befriedigende Erfahrung des gelebten Christentums in all seiner Schönheit sehen, bevor sie sich mit seinen Wahrheitsansprüchen auseinandersetzen werden. Das Evangelium muss als attraktiv empfunden werden, bevor es als wahr angesehen wird. Geduld angesichts persönlicher Ablehnung oder kultureller Feindseligkeit oder der unvermeidlichen Härten des Lebens kann nicht ignoriert werden. Sie ist überirdisch. Sie ist der Beweis für ein Volk, das weiß, dass es geliebt wird, und deshalb Liebe gibt. Es war die missionarische Haltung der frühen

Gemeinde, die in der Lage war, das Schlimmste zu ertragen, was das Römische Reich zu bieten hatte, und dann wieder aufzustehen und ihre Unterdrücker zum Essen einzuladen.

Wie bei einem Samenkorn, das in der Erde versteckt ist, bedeutet die Tatsache, dass wir die unmittelbaren Ergebnisse nicht sehen können, keineswegs, dass sich kein wundersames Leben entwickelt. Wie der allmähliche Prozess der Gärung zeigt auch das geduldige Leben vielleicht nicht dieselbe spektakuläre Spontanität, an die wir in unserer Welt so gewöhnt sind und die uns begeistert. Aber im Laufe der Zeit bringt es eine sprudelnde Energie hervor, die eine kumulative Kraft besitzt und eine enorme Erneuerung in uns und um uns herum bewirkt.

Leben im Rhythmus des Geistes

Das Tempo zu verlangsamen, um die Lebenserwartung zu erhöhen, ist ein Schritt vorwärts in Richtung Fruchtbarkeit, nicht rückwärts. In einer Zeit der großen Eile müssen wir Praktiken neu erlernen, die uns zur Geduld führen. Beten wir ruhig weiter unverschämt große Gebete. Aber was wäre, wenn wir auch göttliche Begrenzungen annehmen, indem wir die Art von Gewohnheiten kultivieren, die zu einem treuen Ende führen? Gewohnheiten wie ehrliche Freundschaften, in denen wir uns regelmäßig und in aller Ruhe mit jemandem treffen, der uns kennt und liebt. Rhythmen wie die wöchentliche Sabbatruhe, in der unsere ständig vibrierenden Telefone und unsere ständig arbeitenden Gehirne lernen innezuhalten, still zu sein und einfach Gott und die guten Gaben, die er uns gegeben hat, zu genießen. Täglich geschützte Gebetszeiten, in denen wir danken, Sünden bekennen, unsere Nöte vorbringen und uns an unserem Vater erfreuen können. All dies sind Praktiken, die uns entschleunigen und uns lehren, im Tempo des Geistes zu leben.

Wenn Gott sich dafür einsetzt, Christus in uns zu formen und seine Mission durch uns voranzubringen, dann können wir uns auf den harten Arbeitsrhythmus von Säen, Gießen und Ernten einlassen und ihm die Ergebnisse überlassen. Wie der geduldige Bauer können wir lernen, den Rhythmus der Jahreszeiten und die Disziplin der aufgeschobenen Belohnung anzunehmen. Wie Jakobus 5,7-8 uns erinnert: „Siehe, der Bauer wartet auf die kostbare Frucht der Erde und hat Geduld ihretwegen, bis sie den Früh- und Spätregen empfange. Habt auch ihr Geduld, stärkt eure Herzen! Denn die Ankunft des Herrn ist nahe gekommen."

Wenn die Dinge nicht nach Ihren Plänen laufen – selbst wenn Sie glauben, dass diese Pläne Gott Ehre bringen –, können Sie in der Wahrheit ruhen, dass „der Herr zur Stelle ist". Warum? Weil er treu ist. Und alle, die geduldig auf ihn warten, sind glücklich (Jesaja 30,18). Gott weiß genau, was er tut. Er wird seine Pläne auf seine Weise und genau zur richtigen Zeit verwirklichen. Und er hält immer sein Wort.

Sprechen Sie mir nach: *Wenn Gott nie zu spät kommt, dann kann ich warten.*

In welchen Bereichen Ihres Lebens müssen Sie sich dem Tempo Gottes beugen? In welchen Bereichen Ihres Herzens sind Sie unruhig oder verzweifelt? Unsere Geduld nimmt zu, wenn wir uns daran erinnern, dass wir nicht sehen müssen, was hinter der nächsten Kurve auf uns zukommt; wir müssen nur unsere Augen auf ihn richten. Jesaja erinnert uns daran, dass die Ausdauer, die Gott im Leben schenkt, auf keine andere Weise zustande kommt als durch den Blick auf den Herrn (Jesaja 40,31).

Schauen Sie also auf ihn! Seine Verheißungen sind wahr, und sein Timing ist perfekt.

Haben Sie das Gefühl, von Gott übersehen worden zu sein? Haben die langen Zeiten des Wartens in Ihrem Leben dazu geführt, dass Sie glauben, von ihm vergessen worden zu sein?

Er sieht Sie.

Er wird seinen Absichten in Ihrem Leben immer treu bleiben. Derjenige, der die Zeit erfunden hat, ist nie hinter dem Zeitplan zurück. Und in dieser glorreichen Wahrheit liegt die Kraft, alles zu bewältigen. Sogar das Warten.

Vertiefende Fragen und Anwendung

1. Haben Sie jemals über Ungeduld im Sinne von Stolz nachgedacht? Inwiefern verändert das die Art und Weise, wie Sie „Eile“ in Ihrem Leben sehen?

2. Inwiefern befähigt Sie die Erinnerung an die Treue Gottes bei der Verwirklichung seiner Pläne dazu, „geduldig zu warten“?

3. Inwiefern können Gewohnheiten, die Ihnen helfen, langsamer zu werden und göttliche Grenzen zu akzeptieren – wie z. B. ehrliche Freundschaften, Sabbatruhe, ruhiges Gebet oder eine „Lebensregel“ (googeln Sie mal „The Common Rule“ von Justin Earley!) –, eine Marathonläufer-Mentalität im Wettlauf des Christen zu etablieren? Was ist eine dieser Gewohnheiten, die Sie diese Woche bewusster trainieren können?

4. Machen Sie eine Liste von Bereichen in Ihrem Leben, in denen Sie dazu neigen, zu schnell zu handeln (z. B. Entscheidungsfindung, Autofahren, Ausruhen usw.). Überlegen Sie für jeden Bereich, wie Sie ihn praktisch entschleunigen können, damit Sie darin aufmerksamer für Gott und andere werden.

9

Gott ist barmherzig: Die Erfahrung der Sanftmut

„Dass Gott reich an Barmherzigkeit ist, bedeutet, dass ... unsere quälende Scham kein Problem für ihn ist, sondern das, womit er am liebsten arbeitet."
Dane Ortlund

Nachdem er wegen Bagatelldelikten zu 19 Jahren Zwangsarbeit verurteilt worden war, die ihn in eine immer tiefere moralische Finsternis geführt hat, taucht ein ehemaliger Sträfling wieder in eine Welt ein, die nichts mit ihm zu tun haben will. Von den Menschen verachtet, von Motel-Besitzern abgewiesen, von einem Hund gebissen und ohne festen Wohnsitz stößt er schließlich auf das Haus eines alten Bischofs, der ihm einen Platz am Tisch, Besteck zum Essen und ein Bett zum Schlafen gibt. Die Freundlichkeit des Bischofs, der ihn zärtlich mit „mein Bruder" und „mein Herr" anspricht, verleiht dem Kriminellen Würde.

> *Jedes Mal, wenn [der Bischof] das Wort „Sir" mit seiner sanften, ernsten Stimme sagte, erhellte sich das Gesicht des Mannes. Sir ist für einen Sträfling wie ein Glas Wasser für einen schiffbrüchigen Matrosen.*

Die Haltung des Bischofs gegenüber dem ehemaligen Straftäter ist in jeder Hinsicht von barmherziger Sanftheit geprägt. Seine Stimme ist *sanft*. Seine Worte sind *sanft*. Seine Berührung ist *sanft*. Seine Augen sind *sanft*. Um den Kontrast zwischen den beiden Figuren zu verstehen, muss man sich „das Brutalste in der Gegenwart des Sanftesten" vorstellen.

Wie revanchiert sich der Ex-Kriminelle für diese unverdiente Gastfreundschaft? Er raubt dem frommen Mann sein Tafelsilber und flieht in die Nacht. Irgendwann am nächsten Tag klopft es an der Tür des Bischofs. Als er die Tür öffnet, stehen mehrere Männer in Uniformen vor der Tür; einer hält eine Tasche mit Wertsachen in der Hand, zwei weitere halten niemand anderen als den undankbaren Dieb selbst.

„Wir haben diesen Mann in der Stadt mit dieser Tasche erwischt", beginnt einer der Männer in Uniform, „und er hat uns gesagt, dass ..." „Ja, ja", unterbricht der Bischof, „er hat euch gesagt, dass ihm das Silberbesteck von einem freundlichen alten Priester gegeben wurde, bei dem er in der Nacht vorbeigekommen ist. Aber mein Freund", sagt der Bischof und wendet sich an den Dieb, „warum hast du nicht auch die silbernen Kerzenleuchter genommen, die ich dir gegeben habe? Meine Herren", fährt der Bischof zu den anderen gewandt fort, „das ist alles ein Irrtum. Was dieser Mann euch erzählt hat, ist wahr."

Die verwirrten Beamten entlassen einen noch verwirrteren Kriminellen aus ihrer Obhut und machen sich auf den Weg. Der Bischof, der allein vor der Tür steht, geht auf den verwirrten Mann zu, legt ihm die Kerzenständer in die Hand und sagt mit tiefer, feierlicher Stimme: „Mein Bruder, du gehörst nicht mehr dem Bösen, sondern dem Guten. Es ist deine Seele, die ich dir abkaufe ... und ich gebe sie Gott."

Die obige Geschichte stammt natürlich aus Victor Hugos Meisterwerk „Les Misérables", in dem erzählt wird, wie der Sträfling Jean Valjean mithilfe des Bischofs zu dem neuen Menschen wird.[38] Das ist der Punkt: Es war unverdiente Barmherzigkeit, die das harte Herz von Jean Valjean erweichte. Barmherzigkeit heißt, dass jemand Sanftmut an uns walten lässt, der das Recht hat, uns Gerechtigkeit widerfahren zu lassen und die Konsequenzen für unser Vergehen zu ziehen. Die Barmherzigkeit verändert uns zuerst, indem sie uns mit ihrer unerwarteten Anwesenheit schockiert, dann, indem sie uns durch ihre unerwartete Wirkung mit Würde ausstattet. Wie die Anwesenheit eines gütigen Herrschers, der in einem Gefängnis Begnadigungen ausspricht, oder wie ein Brief voller vergebender Liebe an einen untreuen Ehepartner anstelle von Scheidungspapieren ist Barmherzigkeit gleichzeitig erschütternd und sanftmütig. Sie ist herrlich und skandalös zugleich. Sie ist das eigentliche Herz Gottes.

Der Gott, der reich an Gnade ist

Manche Menschen haben die Vorstellung, dass Gott im Neuen Testament ein Gott der Barmherzigkeit sei, während es im Alten Testament nur Feuer, Schwefel und Gericht gebe. Tatsächlich aber wird, wie Tozer betont, im Alten Testament viermal häufiger von Gottes Barmherzigkeit gesprochen als im Neuen Testament.[39] Gottes gnädiger und barmherziger Charakter ist eine unveränderliche biblische Konstante in den Geschichtsbüchern (2. Mose 34,6; 2. Chronik 30,9; Nehemia 9,17), in den Liedern (Psalm 86,15; 103,8; 111,4; 112,4) und in den Propheten (Joel 2,13; Jona 4,2).

Im Neuen Testament beschreibt Paulus Gott als den „Vater der Erbarmungen und Gott allen Trostes“ (2. Korinther 1,3). Die Barmherzigkeit ist der wesensmäßige Ausdruck seines väterlichen Herzens. Er ist der Grund und die Quelle aller

Barmherzigkeit, und ohne ihn wäre die Kategorie der menschlichen Barmherzigkeit ungefähr so wahrscheinlich, wie dass ein gefräßiger Wolf einem verletzten Lamm gegenüber barmherzig wäre. Doch für Gott ist Barmherzigkeit kein Gefühl, in das er sich hineinsteigert, wenn er großzügig gestimmt ist. Sie ist die ständig fließende Quelle aus dem tiefsten Inneren seines Herzens. Seine barmherzige Gnade leuchtet auf von 1. Mose bis zur Offenbarung. Wie David erklärte: „Der HERR ist gut gegen alle, sein Erbarmen ist über alle seine Werke" (Psalm 145,9).

Obwohl Barmherzigkeit und Gnade eng miteinander verbunden sind, sind sie keine Synonyme. Barmherzigkeit ist das Zurückhalten einer verdienten Strafe; Gnade ist das Geben einer unverdienten Gabe. Barmherzigkeit geschah, als der Bischof die Folgen von Jean Valjeans Tat abwehrte; Gnade geschah, als er ihm sein gesamtes Tafelsilber und zusätzlich zwei Kerzenständer schenkte. Barmherzigkeit bedeutet, dass Gott uns großzügigerweise nicht bestraft; Gnade heißt, dass er uns großzügig versorgt. Es sind zwei Seiten derselben Medaille, und Gott ist reich an beidem.

Paulus weist darauf hin und erinnert die Christen in Ephesus daran, woher sie kommen und wie Gott sie behandelt hat. Wie wir alle waren sie „tot" in ihren „Vergehungen und Sünden ... Söhne des Ungehorsams ... von Natur Kinder des Zorns" (Epheser 2,1-3). Das ist keine besonders ermutigende Beschreibung der Menschheit. Aber die biblische Barmherzigkeit scheut sich nicht, das Ausmaß unserer gottesverräterischen Verderbtheit ehrlich zu benennen. Sie tut das sogar bereitwillig und konfrontiert uns immer mehr mit der Wahrheit darüber, wie jämmerlich wir alle versagt haben, nur um uns dann mit der viel größeren Hoffnung auf Gottes Haltung uns gegenüber zu erfüllen. Und genau da setzt Paulus als Nächstes an:

> ***Gott aber, der reich ist an Barmherzigkeit,*** *hat um seiner vielen Liebe willen, womit er uns geliebt hat, auch uns, die wir in den Vergehungen tot waren, mit dem Christus lebendig gemacht – durch Gnade seid ihr gerettet! ... damit er in den kommenden* ***Zeitaltern den überragenden Reichtum seiner Gnade*** *in Güte an uns erweist in Christus Jesus. (Epheser 2,4-5.7, Hervorhebung durch den Autor)*

Der Gott, dem wir in der Heiligen Schrift begegnen, ist unglaublich reich an Barmherzigkeit und Gnade. Wir, die wir tot waren in unseren Sünden, sind in Christus lebendig geworden. Wir, die wir Söhne des Ungehorsams waren, werden in Gottes Familie aufgenommen. Wir, die wir einst Kinder des Zorns waren, erhalten eine neue Natur. Alles, was wir tun müssen, ist, uns ihm zuzuwenden und zuzugeben, dass wir ihn brauchen Wenn Jeremia schreibt, dass „die Gnadenerweise des HERRN [...] nicht zu Ende [sind], ja, sein Erbarmen hört nicht auf, es ist jeden Morgen neu“ (Klagelieder 3,22-23), dann will er uns damit sagen, dass es keine Sünde gibt, die so groß oder so schlimm ist, dass Gott seine Kinder ansehen und sagen würde: „Das war's! Nie wieder! Ich habe die Nase voll von diesem ständigen Vergeben. Ich bin fertig mit euch!“ Nein, tausendmal nein! Es wird niemals ein Tag in der Zukunft kommen, an dem Gottes Barmherzigkeit aufgebraucht ist oder nicht mehr verfügbar ist für jemanden, der zu ihm kommt und danach sucht. Er ist kein Vater, der sich über unser Unvermögen lustig macht, über unser wiederholtes Versagen die Augen verdreht oder mit einem enttäuschten Seufzer über die Torheit unserer Sünde den Kopf schüttelt und dann das Zimmer verlässt. Im Gegenteil, gerade dort, wo wir am bedürftigsten sind und diese Bedürftigkeit am ehrlichsten zugeben, ist uns sein Herz mit unermüdlichem Erbarmen zugewandt.

Der „Vater der Barmherzigkeit“ veredelt uns mit Barmherzigkeit, sodass wir – ähnlich wie Jean Valjean – zu Menschen werden, die anderen dieselbe Barmherzigkeit entgegenbringen, die sie selbst empfangen haben. Wir werden sanftmütig. Wir werden wie Jesus.

Die sanfte Mitte des Herzens Jesu

Sanftmut ist keine Nettigkeit oder Schwächlichkeit, sondern Christusähnlichkeit. In der Tat ist sie das Herz Jesu. In den Evangelien erhalten wir immer wieder Einblicke in die Worte, Wege und Wunder Christi. Aber nur einmal erhalten wir von seinen eigenen Lippen einen Einblick in sein Herz. In Matthäus 11,28-29 sagt Jesus:

> *Kommt her zu mir, alle ihr Mühseligen und Beladenen! Und ich werde euch Ruhe geben. Nehmt auf euch mein Joch, und lernt von mir! Denn ich bin sanftmütig und von Herzen demütig, und „ihr werdet Ruhe finden für eure Seelen“.*

Von allen möglichen Eigenschaften, die wir im Herzen Jesu erwarten können – dem Zentrum seines ganzen Wesens, der lebensbestimmenden Essenz dessen, was er ist und wozu er gekommen ist –, nennt Jesus die Sanftmut als den Kern seines Wesens. Das ewige Wort, das am Anfang das Universum ins Leben rief und das am Ende mit „Augen“ wie „eine Feuerflamme“ als König der Könige und Herr der Herren zurückkehren wird (Offenbarung

19,12.16), sagt uns, dass er, und nur er, die sanfte Ruhe ist, nach der sich unsere eigenen ruhelosen Herzen am meisten sehnen. Ja, er ist zweifellos der Löwe, aber auf eine Weise, die zutiefst einem Lamm ähnelt (Offenbarung 5,5-6). Ja, er ist der „König der Herrlichkeit ... der Herr, stark und mächtig“ (Psalm 24,8), aber er sitzt dabei auf einem Thron der Gnade und empfängt alle, die sich ihm nähern, mit zärtlicher Barmherzigkeit. Jesus war und ist eine Oase der Sanftmut für diejenigen, die in der von Sünden geprägten Wüste des Lebens auf eigene Faust umherirren.

Eine solche Sanftmut steht nicht im Widerspruch zur prophetischen Zurechtweisung selbstgerechter Menschen oder Systeme. Wenn die Heilige Schrift sagt: „*Gott* widersteht den Hochmütigen, den Demütigen aber gibt er Gnade“ (Jakobus 4,6), dann schließt das offensichtlich auch Jesus mit ein, der die unbußfertige Heuchelei selbstgerechter religiöser Führer scharf angriff (Matthäus 23) und nichts dagegen hatte, geistliche Betrüger und Schwindler mit der Peitsche aus dem Tempel zu vertreiben (Johannes 2,13-17). Doch solche Anlässe heiligen Zorns im Namen der Unterdrückten (auf die wir in Kapitel 10 näher eingehen werden) waren nicht das tägliche Auf und Ab des Dienstes Jesu, sondern vielmehr vom Geist angetriebene Momente der gerechten Konfrontation. Diejenigen, die wegen ihrer Sünde zerbrochen waren, umarmte er mit lebensrettender Sanftmut.

Was ist mit Ihnen? Wie reagieren Sie, wenn Sie sich an der Sünde anderer Menschen reiben? Wenn ich mein eigenes Herz untersuche, fällt mir auf, dass ich am wenigsten sanftmütig bin, wenn ich denke, dass ich recht habe und die andere Person im Unrecht ist. Oder einfach nur dumm. Oder beides. Dann neige ich dazu, andere mit Missmut oder Verachtung oder Herablassung zu behandeln statt mit Sanftmut. Der Unterschied zwischen mir und meinem Erlöser könnte nicht deutlicher sein. Wenn ich es versäume, Barmherzigkeit zu zeigen, habe ich sie ironischerweise selbst umso nötiger. Doch auch hier gibt es Grund zur Hoffnung.

Von einer namenlosen Frau in Johannes 8 – die inzwischen nicht wegen der Sünde des Ehebruchs, bei dem sie ertappt wurde, sondern wegen der skandalösen Fürsorge, mit der Jesus sie behandelte, berühmt geworden ist – erhalten wir die Antwort auf eine der wichtigsten Fragen, die uns alle im Grunde bewegt: *Wie wird Jesus in den schlimmsten Momenten meines Lebens mit mir umgehen?* Als sich die Menge unter dem Gewicht von Jesu Aufforderung – wer ohne Sünde sei, solle als Erster einen Stein auf sie werfen (V. 7) – allmählich zerstreut, sieht Jesus sie an und sagt: „Auch ich verurteile dich nicht. Geh hin und sündige von jetzt an nicht mehr!" (V. 11). Ist Ihnen die Reihenfolge seiner Aussagen aufgefallen? Zuerst gewährt er ihr Barmherzigkeit, und erst danach ruft er sie zu einer neuen Lebensweise auf. Die erste Aussage ermöglicht die zweite. Der Autor Scott Sauls schreibt in seinem Buch *A Gentle Answer* (dt.: *Eine sanfte Antwort*):

> *Wenn man die Reihenfolge dieser beiden Sätze umkehrt, wenn man sagt: „Sündige nicht mehr", bevor man in Erwägung zieht zu sagen: „Auch ich verurteile dich nicht", dann hat man aufgehört, die Sprache Jesu zu sprechen und das Herz Jesu widerzuspiegeln.*[40]

Am sündigsten Tag unseres Lebens behandelt uns Jesus nicht mit der Verurteilung, die wir verdienen, sondern mit einer unvergleichlichen und unverdienten Barmherzigkeit. Denen, die von ihrer Sünde erschöpft sind, bietet Jesus seine Ruhe an. Weit davon entfernt, uns so zu behandeln, wie wir es verdienen, behandelt er all jene mit unverdienter Sanftmut, die mit nichts anderem als dem ehrlichen Geständnis zu ihm kommen, dass sie einen Retter brauchen. Sünder, die mit ihrer Gebrochenheit ringen und sie ihm zu Füßen legen, sieht er niemals finster an oder runzelt die Stirn. In dieser ständigen Bereitschaft Jesu, Sie zu empfangen, finden Sie den heilenden Balsam für alle Ängste, die Sie plagen.

Je länger ich in diesem Leben mit Jesus gehe, desto erstaunlicher wird seine Sanftmut mir gegenüber inmitten meines Versagens. Statt mich für meine Sünden zu bestrafen, hat er meine Schuld vollständig übernommen. Statt mir die Hölle zu geben, die ich verdiene, schenkt er mir seinen Himmel. Keiner von uns hat eine solche Großzügigkeit durch Jesus verdient. Doch genau das ist der christliche Glaube. Der puritanische Pastor Richard Sibbes erwidert unsere Ungewissheit mit einer kraftvollen Evangeliumsrealität: „Es ist mehr Barmherzigkeit in Christus als Sünde in uns."[41]

Eine Wiederbelebung der Sanftmut

Sanftmut ist in der heutigen Welt vielleicht die am meisten unterschätzte und am meisten benötigte Realität unter Christen. Es ist nicht gerade ein Wort, das mit beeindruckenden, leistungsstarken Menschen in Verbindung gebracht wird. Nicht einmal ein Wort, das wir allzu oft in unseren täglichen Gesprächen hören, da es zusammen mit anderen Wörtern aus vergangenen Zeiten wie „edel" oder „tapfer" aus unserem postmodernen Wortschatz verdrängt wurde. Vielen von uns würde es schwerfallen, die Bedeutung dieses Wortes überhaupt zu definieren. Aber wir wissen ganz sicher, wie es sich anfühlt, mit ihr in Berührung zu kommen. *Sanftmut ist die gefühlte Erfahrung von Barmherzigkeit.* Es ist, als würde man ein großzügiges Geschenk erhalten statt eine verdiente Anklage. Wie eine Überraschungsparty statt der erwarteten Gefängniszelle. Wie eine Umarmung statt der verdienten Ohrfeige. Sanftmut hat oft eine überraschende Qualität, weil wir etwas anderes erwartet haben.

Sanftmütig behandelt zu werden bedeutet, unerwartet mit unserer fernen Vergangenheit zu kollidieren. Es bedeutet, schon hier in unserer chaotischen Gegenwart die Lebensqualität zu schmecken, die existierte, bevor die Sünde die Welt zerriss – eine Lebensqualität, die auch unsere unendliche Zukunft sein wird, wenn die Sünde ein für alle Mal aus der Welt geschafft ist. Und in diesem Sinne bedeutet sanftmütig zu werden, „das zu werden, was wir sein sollten; das heißt, zu dem zurückzukehren, was wir einst in Eden waren".[42]

Innerlich ist es ein allmählich wachsendes Bewusstsein dafür, wie barmherzig Gott aufgrund von Jesus mit uns umgegangen ist – und weiterhin mit uns umgeht. Äußerlich entdecken wir, dass wir allmählich sanfter zu anderen werden. Unsere Reaktionen werden maßvoll, unsere Instinkte barmherzig. Wir sind weniger schnell schockiert und werden nahbarer. Und obwohl eine solche Sanftmut geheimnisvoll erscheinen mag, sind mit mir auch viele andere immer mehr davon überzeugt, dass die Rückkehr eines solchen Wortes – und mehr noch, die Rückkehr einer solchen Realität – heutzutage sehr wohl das dringendste Bedürfnis der christlichen Gemeinde im Westen sein könnte. Es wird nicht leicht sein. Einander in einer Weise zu behandeln, die Würde verleiht, statt zu erniedrigen, wird die schwierige, aber lebenswichtige Übung des einfühlsamen Zuhörens und der

Selbstprüfung erfordern. Online um sich zu schlagen ist leicht. Herablassend und sarkastisch zu sein ist leicht. Menschen abzuschreiben, die „es einfach nicht kapieren", ist leicht. In einer Welt, in der die Empörung immer größer wird, ist es leicht, diejenigen (wer auch immer sie sind) zu verteufeln, die auf der anderen Seite meiner kulturellen Vorlieben, meiner politischen Ansichten, meiner theologischen Überzeugungen und meiner nicht biblischen persönlichen Maßstäbe für Akzeptanz stehen. Aber Sanftmut kann zur spürbaren Erfahrung unseres Christseins werden, wenn wir uns täglich daran erinnern, wie barmherzig Gott uns gegenüber war und ist.

Darf ich hier etwas gestehen? Ich schreibe über eine Eigenschaft, von der ich mir zutiefst wünsche, mehr davon in meinem Leben zu sehen. Eine Eigenschaft, die mich durch ihre schiere Schönheit blendet, wenn ich sie bei anderen sehe, und die mich frustriert, wenn ich entdecke, wie oft sie in meinem eigenen Herzen fehlt. Ich möchte ein Mann, ein Ehemann, ein Vater, ein Freund und ein Pastor sein, an den man sich erinnert, weil er sanftmütig ist. Lange Zeit wollte ich ein beeindruckender und begabter Leiter sein. Aber je länger ich mit Jesus gehe, desto mehr stelle ich fest, dass ich einfach ein Leiter sein möchte, der andere so führt, wie er mich führt: mit Sanftmut. So stolpere ich durch die Kraft des Geistes immer weiter in ein Leben der Sanftmut, das ich täglich in der geduldigen Liebe Jesu erfahre. Werden Sie sich mir in diesem Streben anschließen?

Was wäre, wenn wir hartnäckig vor Gott treten und um eine Wiederbelebung der Sanftmut in unserer Zeit beten würden? Was wäre, wenn wir das Vorhandensein dieser Frucht des Geistes bei christlichen Führungskräften liebevoll als nicht verhandelbar einfordern würden, so wie es die Heilige Schrift tut (1. Timotheus 3,3;

6,11)? Was wäre, wenn wir Christen das biblische Gebot ernst nähmen, „mit aller ... Sanftmut“ (Epheser 4,2) unserer Berufung würdig zu leben? Was würde die Welt wohl denken, wenn sie beobachten würde, dass unser Umgang miteinander – auch angesichts von Meinungsverschiedenheiten – unverkennbar von einer Sanftmut geprägt ist, die nur von oben kommen kann? Wenn Barmherzigkeit und Vergebung und Sanftmut und ein Vertrauensvorschuss in unseren Gemeinden so normal würden, dass niemand, der Ruhe in Jesus sucht, jemals etwas zu befürchten hätte?

In unserer rauen Welt ist Sanftmut wie eine kühle Brise an einem heißen Sommertag. In unserem Zeitalter der ständigen Empörung ist Sanftmut wie ein beruhigendes Lied, das in der Lage ist, einem anderen die Wahrheit auf eine Weise zu sagen, die ihn nicht seiner Würde beraubt. Sanftmütig zu sein in einer Welt, in der es darum geht, besiegt zu werden und sich zu rächen, bedeutet, eine kleine Ecke vom Garten Eden wiederherzustellen, denn „Gelassenheit der Zunge ist ein Baum des Lebens“ (Sprüche 15,4). Sanftheit im Umgang mit einem anderen Menschen zu erfahren bedeutet, das Leben so zu erleben, wie es sein sollte und eines Tages wieder für immer sein wird. Wenn es einen Straftäter verändert, dass ein Bischof ihn „Sir“ nennt, wie viel mehr einen Sünder, wenn der Erlöser uns „Geliebte“ nennt. Wir müssen uns nur daran erinnern, dass er es getan hat.

Vertiefende Fragen und Anwendung

1. Sind Sie jemals jemandem begegnet, der die in diesem Kapitel beschriebene Sanftmut ausstrahlt? Was ist Ihnen an dieser Person aufgefallen?

2. Wovon würden Sie Ihrer Meinung nach mehr sehen, wenn in Ihrer Gemeinde eine Kultur der Sanftmut offensichtlich wäre? Wovon würden Sie weniger sehen?

3. Wo oder bei wem fällt es Ihnen am schwersten, Sanftmut zu zeigen?

4. Wie kann die Erinnerung an die Barmherzigkeit Gottes in Christus in uns die Sanftmut hervorrufen, die wir am liebsten zeigen würden?

10

Gott ist gerecht: Die Erfahrung der prophetischen Fürsprache

„Eine Gemeinde, die nicht existiert, um … den Irrtum zu zerstören, die Falschheit auszurotten, eine Gemeinde, die nicht existiert, um sich auf die Seite der Armen zu stellen, die Ungerechtigkeit anzuprangern und die Gerechtigkeit aufrechtzuerhalten, hat keine Daseinsberechtigung."
Charles Spurgeon

„Ich kann nicht atmen."

Diese vier Worte sagte George Floyd, als er unter dem Knie eines Mannes starb, der einen Eid geleistet hatte, „zu schützen und zu dienen"; sie gingen im Jahr 2020 um die Welt. Unabhängig von Ihrer politischen Meinung zu den darauffolgenden Ereignissen oder der weiteren Entwicklung der Beziehungen zwischen unterschiedlichen Rassen in den USA bin ich mir sicher, dass fast alle von uns schockiert waren, als wir sahen, wie das Leben eines Mannes auf der Straße langsam erstickt wurde. Es war Hilflosigkeit in hoher Auflösung, verewigt in vier verzweifelten Worten. Sie erregten die Aufmerksamkeit der Öffentlichkeit – sie prangten in den Schlagzeilen und wurden auf Kundgebungen skandiert –, weil sie sich mit den Erfahrungen unzähliger anderer Menschen deckten, die sich „unter dem Knie" gefühlt haben – sei es im wörtlichen oder im übertragenen Sinne.

Ich kann nicht atmen.

Vielleicht gibt es keinen besseren Ausdruck, um die Hoffnungslosigkeit derjenigen zu beschreiben, die zu Unrecht ausgebeutet werden, von den Mächtigen unterdrückt werden, in der Falle eines Missbrauchers sitzen oder von einer ungerechten Person oder einem ungerechten System gegen ihren Willen festgehalten werden.

Ich kann nicht atmen.

Es ist das unsichtbare und doch stets spürbare Gespenst, das täglich die Armen, die politischen Flüchtlinge und die vaterlosen Menschen gleichermaßen heimsucht. Es ist der ungeformte Schrei des wehrlosen Kindes, das gewaltsam aus dem Mutterleib in eine Abtreibungsklinik geholt wird. Es ist das Flehen der Schwachen, das das Blut des Dreieinigen im Namen aller, die Ungerechtigkeit erfahren, vor gerechtem Zorn kochen lässt. Denken wir an die berühmten Worte, die Gott durch den Propheten Amos zu seinem Volk sprach:

> *Ich hasse, ich verwerfe eure Feste, und eure Festversammlungen kann ich nicht mehr riechen. ... Halte den Lärm deiner Lieder von mir fern! Und das Spiel deiner Harfen will ich nicht hören. Aber Recht ergieße sich wie Wasser und Gerechtigkeit wie ein immerfließender Bach! (5,21.23-24)*

Der Kern des Wesens Gottes ist ein brennendes Herz der Gerechtigkeit. Wenn also die Leidenschaft in unserer Anbetung nicht mit einem entsprechenden Mitgefühl für die Bedürftigen um uns herum einhergeht, wird Gott nicht richtig angebetet. Oder noch unverblümter: Wo vertikal Gott gepriesen, horizontal aber Ungerechtigkeit geduldet wird, verstopft Gott seine Ohren. Denn Gerechtigkeit ist Gottes Wesensmerkmal, ebenso wie Liebe, Güte oder Heiligkeit.

Was ist Gerechtigkeit? Einfach ausgedrückt bedeutet sie, das Recht dort wiederherzustellen, wo das Unrecht triumphiert. Der Theologe Herman Bavinck hat diese Definition noch erweitert. Er schrieb, gerecht zu leben bedeute, „das, was den Armen zusteht, nicht zu verdrehen, den Unschuldigen und Gerechten nicht zu töten, keine Bestechungsgelder anzunehmen und den Fremden, die Witwe und die Waise nicht zu unterdrücken", sondern „den Bedürftigen zu helfen und sie zu retten, die jetzt vernachlässigt und unterdrückt werden und vergeblich nach Gerechtigkeit rufen; Mitleid mit den Armen zu haben und ihr Leben zu erlösen".[43]

Für alle, die verstehen, dass Gott gerecht ist und die Gerechtigkeit liebt, ist deshalb ein normaler Teil der christlichen Erfahrung etwas, das ich *prophetische Fürsprache* nennen möchte. Prophetisch, das heißt, wir sprechen richtig und mutig als Boten des Herzens Gottes. Fürsprache bedeutet, dass wir dies im Namen derer tun, deren Schreie ignoriert und deren Menschlichkeit geschmälert wurde. Gottes Gerechtigkeit zu sehen weckt in uns den Wunsch nach derselben; sie bringt uns dazu, das zu wollen, was er will; und vor allem zwingt es uns zum Handeln. Prophetische Fürsprache bedeutet, dass wir uns als sanfte Botschafter des Guten und Wahren bereitwillig in notwendige Konflikte begeben. Prophetische Fürsprache bedeutet, dass wir uns einmischen, gut zuhören, das Wort ergreifen, frei geben, gerne Opfer bringen und in die Bresche springen, wo immer wir eine Diskrepanz zwischen Gottes Wort und den bedrückenden Realitäten in unserer Welt sehen.

Gott, der gerechte Richter

Die Vorstellung von Gott als Richter zu fördern gehört nicht gerade zu den Top-Tipps für „Wie man Freunde gewinnt und Menschen beeinflusst“, aber das hielt die Verfasser des Alten und Neuen Testaments nicht davon ab.

Jesaja sagt uns: „Ein Gott des Rechts ist der HERR“ (Jesaja 30,18), und später erklärt Gott durch denselben Propheten: „Denn ich, der HERR, liebe das Recht, ich hasse den Raub mitsamt dem Unrecht“ (61,8). Die Psalmen bestätigen immer wieder, dass Gott ein König ist, der die Gerechtigkeit liebt (Psalm 33,5; 37,28; 99,4), und dass sein Thron das Fundament aller Gerechtigkeit ist (Psalm 9,8; 89,15; 97,2). „Alle seine Wege sind recht“ (5. Mose 32,4), was bedeutet, dass Gott nicht nach einem äußeren Maßstab der Gerechtigkeit handelt, der außerhalb von ihm existiert; er selbst ist der Maßstab. Wenn er handelt – auf welche Weise auch immer –, dann handelt er gerecht. Wenn am Jüngsten Tag alles vor dem Richter ans Licht kommt (1. Korinther 3,12-15; Offenbarung 20,11-15), wird es keinen Zweifel an der Richtigkeit seiner Urteile geben. Er wird weder über Unrecht hinwegsehen noch es übermäßig bestrafen. Er wird weder Gleichgültigkeit noch Übertreibung zeigen. Er wird wahrhaftig urteilen. Er kann nicht anders.

Gerechtigkeit für die Schwachen

Das hebräische Wort, das am häufigsten für „Gerechtigkeit“ oder „gerechte Urteile“ verwendet wird, ist *mishpat*, was bedeutet, den Menschen das zu geben, was ihnen zu Recht zusteht, sei es in Form von gerechtfertigten Konsequenzen oder mitfühlender Fürsorge. Dieses Wort *mishpat* wird nicht nur verwendet, um Gottes Handeln zu beschreiben, sondern auch dafür, wie Gottes Volk den Schwachen, den Vaterlosen, den Vertriebenen und den Armen dienen soll – allesamt Menschen, die in jeder Gesellschaft am ehesten „unter die Räder" kommen. Gottes Herz für diese Menschen ist so sehr auf ihren Schutz ausgerichtet, dass er befiehlt:

> *Fällt zuverlässigen Rechtsspruch und erweist Güte und Barmherzigkeit einer dem anderen! Und bedrückt nicht die Witwe und die Waise, den Fremden und den Elenden! Und ersinnt nicht gegeneinander Unglück in euren Herzen! (Sacharja 7,9-10)*

Beachten Sie die Art und Weise, wie Gott sich selbst in Bezug auf jede dieser Gruppen beschreibt. Er ist „ein Vater der Waisen und ein Richter der Witwen" (Psalm 68,6). Er ist der willkommene Beschützer der Vertriebenen (5. Mose 10,18; Psalm 146,9); ein Zufluchtsort und Retter für die Armen und Unterdrückten (Psalm 9,10; 12,6; 35,10; Jesaja 25,4), weil sie ihm wertvoll sind (Psalm 72,14). Wenn Gott sich so zärtlich und schützend vor die Schwachen dieser Welt stellt, wie sollten wir es dann nicht auch tun?

Genauso wie sich unser Gesicht verhärtet und wir die Fäuste ballen, wenn wir sehen, wie ein Tyrann jemanden, der kleiner ist als er, unterdrückt, rufen nur wenige Dinge so sehr Gottes heiligen Zorn und sein gerechtes Urteil hervor wie die Unterdrückung der Schwächeren in unserer Gemeinschaft. Dieser Zorn ist „keine Emotion, die von Zeit zu Zeit aufflackert, als hätte Gott einen Wutanfall", schreibt der Autor Fleming Rutledge. Stattdessen „ist es eine Art, seine absolute Feindschaft gegen alles Unrecht zu beschreiben, und sein Kommen, um die Dinge in Ordnung zu bringen".[44] Klingt Ihnen eine solche Beschreibung von Gottes Herz fremd? Ein gerechter Gott, der gerecht richtet, mag in den empfindlichen Ohren von Mittelschichtlern wie mir, die in relativer Sicherheit aufgewachsen sind, nicht gut ankommen, aber für die Unterdrückten ist es der triumphale Klang von Hoffnung und Rechtfertigung. Wie der Autor Scott Sauls klarstellt: „Zu akzeptieren, dass Gott ein Gott der Liebe, aber kein Richter ist, ist ein Luxus, den nur die Privilegierten und Beschützten genießen können."[45]

Gott ist gegen jede Art von Ungerechtigkeit, und eines Tages wird er ihr ein Ende setzen. Durch Jesaja sagt er zu uns:

> *Wehe denen, die Ordnungen des Unheils anordnen, und den Schreibern, die Mühsal schreiben,*
> *um die Geringen von ihrem Rechtsanspruch zu verdrängen und den Elenden meines Volkes ihr Recht zu rauben, damit die Witwen ihr Plündergut werden und sie die Waisen plündern!*
> *Und was wollt ihr tun am Tag der Heimsuchung? (Jesaja 10,1-3)*

Auf eines können wir uns bei Gott verlassen: Niemand kommt ungeschoren davon. Am Tag der Abrechnung wird er jedes Unrecht zur Sprache bringen.

Und in dieser Wahrheit haben wir eine Grundlage für jede christliche Fürsprache. Weil Gott mit den Schutzlosen in der Ecke steht, sollten auch wir uns dort niederlassen. So wie Jesus es tat und weiterhin tut.

Jesus und die Ausgegrenzten

Wenn das Alte Testament noch Zweifel an Gottes Herz für die Gerechtigkeit und an unserer Verantwortung dafür, sie auch *auszuüben,* aufkommen ließ, lässt das Neue Testament alle Ausreden verstummen, indem es diese Eigenschaft Gottes durch das Vorbild, die Lehre und das Opfer Christi in den Vordergrund stellt. Ist Ihnen schon einmal aufgefallen, wie sehr sich Jesus auf die sozial Ausgestoßenen, die politisch Fragwürdigen, die moralisch Skandalösen und die körperlich Benachteiligten am Rande der Gesellschaft zubewegt hat? Diese Solidarität Jesu mit denen, die wir zu übersehen pflegen, ist im Lukasevangelium besonders auffällig.

In Lukas 1 und 2 kommt Jesus nach der Zeit im Mutterleib eines unverheirateten Teenagers in einer ländlichen, abgelegenen Stadt namens Bethlehem zur Welt. Die ersten Zeugen, die zu Anbetern wurden, waren nicht die Mächtigen oder die Elite, sondern einfache Hirten, die am Rande der Gesellschaft lebten. In Lukas 4,18-19 hält Jesus seine erste Predigt, in der er aus dem Buch Jesaja verkündet, dass er gesalbt worden ist, um den Armen eine gute Nachricht zu verkünden, den Blinden das Augenlicht und den Gefangenen und Unterdrückten die Freiheit. In Lukas 5 und 6 wendet er sich den körperlich Benachteiligten zu, indem er sie heilt, und er verkündet den Armen, Hungernden, Weinenden und Verfolgten seinen Segen, während er den Reichen und sozial Bequemen seinen Fluch auferlegt. In Lukas 7–9 nähert er sich denjenigen, die übersehen wurden. Er hat den Ruf, ein Freund der Sünder zu sein (7,34), und befreit die von dämonischen Geistern Gebundenen (8,26-39; 9,37-43).

In Lukas 10 finden wir dann einige der berühmtesten Worte Jesu, die er einem aufmüpfigen religiösen Experten antwortete und die heute als „das größte Gebot“ bekannt sind: „Du sollst den Herrn, deinen Gott, lieben aus deinem ganzen Herzen und mit deiner ganzen Seele und mit deiner ganzen Kraft und mit deinem ganzen Verstand und deinen Nächsten wie dich selbst“ (V. 27). Der religiöse Anführer, der offensichtlich in der Stimmung war, das ultimative Gleichnis Jesu abzubekommen, wollte sich rechtfertigen und fragte Jesus: „Und wer ist mein Nächster?“ (V. 29).

Das ist das Stichwort für die berühmte Geschichte vom barmherzigen Samariter (sie steht in Lukas 10,25-37, falls Sie sie noch einmal nachlesen wollen). Aber beachten Sie die Haltung des Schriftgelehrten in Vers 29, die zu diesem Gleichnis führte: Er wollte sich selbst rechtfertigen. Hier sehen wir das auch heute noch allzu häufig anzutreffende Muster: Diejenigen, die Gottes wiederholte Gebote, „Gerechtigkeit zu üben“, nicht befolgen, versuchen stattdessen, sich zu rechtfertigen. Statt mit aufopfernder Liebe auf seine Nächsten zuzugehen, suchte dieser religiöse Anführer nach Schlupflöchern, die es ihm erlauben würden, die zerbrochene Welt auf Distanz zu halten. Können Sie das nachvollziehen? Ist im Zusammenhang mit Gottes Liebe zur horizontalen Gerechtigkeit die Selbstrechtfertigung nicht einer der deutlichsten Hinweise darauf, dass mein Herz nicht mit dem Herzen Christi übereinstimmt?

In der folgenden Geschichte ruft Jesus uns auf, ihm ins Getümmel zu folgen, uns an die Ränder zu begeben, als Vermittler von Heilung und als Verkünder der guten Nachricht, ohne das eine für das andere zu opfern. Wir wechseln nicht auf die andere Straßenseite, sondern gehen in den Schmerz hinein. Und wie der barmherzige Samariter bieten wir unseren Schutz, unsere Heilung, unsere Freundlichkeit, unsere Anwesenheit und unsere finanziellen Mittel an, verbunden mit der Bereitschaft, wiederzukommen, und das alles immer wieder mit fröhlicher Beharrlichkeit.

Und diese Haltung Jesu gegenüber den Geringen und Vergessenen setzt sich im gesamten Lukasevangelium fort: Er erzählt Gleichnisse von verlorenen Schafen und Münzen, verlorenen Söhnen und hartnäckigen Witwen. Er verkündet, dass das Reich Gottes den Kindern gehört. Er isst im Haus eines gesellschaftlichen Verräters wie Zachäus zu Abend, und gerade durch diesen Akt der barmherzigen Aufnahme wird Zachäus wiedergeboren und zu einem Mann der Gerechtigkeit. Wie hätten wir gehandelt? Haben wir – wie die Pharisäer, die ihre Kräuter verzehnten und die Gerechtigkeit beiseitelassen (Matthäus 23,23) – die Gerechtigkeit an den Rand gedrängt, statt Jesus an ebenjenen Rand zu folgen und Gerechtigkeit zu üben? Natürlich ist das Streben nach Gerechtigkeit nicht gleichbedeutend mit der Zentralität des Evangeliums. Aber für Jesus ist es der unbestreitbare Beweis dafür, dass er für uns tatsächlich im Mittelpunkt steht (Matthäus 25,31-46).

Die Verteidigung der Imago Dei

Unser Leben wird zunehmend digitalisiert und entfernt sich von den realen Interaktionen von Angesicht zu Angesicht, und unsere Gesellschaft wird allmählich immer mehr zersplittert. Diesem Trend fällt auch die Lehre von der *Imago Dei* zum Opfer. Dieser kleine lateinische Ausdruck hat eine kosmische Bedeutung: Jeder Mensch, dem Sie begegnen, ist nach dem Bilde Gottes geschaffen und daher wertvoll, würdig und lebenswert. Wir finden ihn zum ersten Mal in 1. Mose 1,26-27, wo Gott sagt: „Lasst uns Menschen machen als unser Bild, uns ähnlich." Als die Sünde in die Welt kam (1. Mose 3), trennte sie uns sowohl von Gott als auch voneinander, befleckte unsere *Imago Dei*, löschte sie aber keineswegs aus. Und das ist der springende Punkt: Die Ungerechtigkeit nimmt in dem Maße zu, wie unser Verständnis der *Imago Dei* abnimmt. Ist das Fehlen dieses Verständnisses nicht die Grundlage für alle Vernachlässigung, für all unser Misstrauen und unseren Hass? War die Normalisierung der Sklaverei vom 16. bis 19. Jahrhundert nicht das Ergebnis einer Entmenschlichung, bei der schwarze Männer und Frauen als Besitz und nicht als Menschen eingestuft wurden? Wurden die Völkermorde an den europäischen Juden in den 1930er- und 1940er-Jahren und an den Tutsi in Ruanda in den 1990er-Jahren nicht dadurch vorangetrieben, dass man ihnen ihre Menschlichkeit nahm und sie durch die Etiketten „Ratten" und „Kakerlaken" ersetzte? Die Nazis waren sogar noch deutlicher und bezeichneten die Juden als „Untermenschen". Hier liegt die Grundlage aller Ungerechtigkeit. Und hier ist der Platz für prophetische Fürsprache. Wenn *sie* keine vollständigen Menschen sind, sondern Föten; wenn *sie* keine Menschen sind, sondern Einwanderer; wenn *sie* keine Menschen sind, sondern [politische Partei einfügen, die Sie verabscheuen]; wenn *sie* keine Menschen sind, sondern „die da", dann erheben Christen ihre Stimme mit prophetischer Fürsprache auf der Grundlage ihrer *Imago Dei*.

In der Praxis gibt es also drei Möglichkeiten, wie wir dies anwenden und als Verteidiger der Menschenwürde leben können.

1. Spitzen Sie die Ohren! (Einfühlungsvermögen)

Prophetischer Aktivismus beginnt damit, dass wir auf die Schreie nach Gerechtigkeit um uns herum hören, statt sie zu verharmlosen. Empathie ist eine Haltung, die versucht zu verstehen. Es bedeutet, dass wir uns bereitwillig in die Sorgen anderer hineinversetzen, indem wir „schnell zum Hören, langsam zum Reden" sind (Jakobus 1,19). Das Evangelium stimmt unsere Ohren auf die Frequenz von Gottes Gerechtigkeit ein, sodass Ungerechtigkeit für uns jetzt wie eine kreischende Geige klingt. Wenn jemand sagt: „Wir leiden", schauen wir nicht weg. Wir beugen uns vor. „Wann immer diese beiden Worte ausgesprochen werden", schreibt Scott Sauls, „verlangt das Evangelium offene Ohren und offene Herzen. Das Evangelium verlangt ein aufmerksames, demütiges, nicht defensives Hinhören auf die Geschichte und die Wunden hinter den Worten."[46] Die christliche Antwort auf den bekundeten Schmerz eines jeden Menschen – aber insbesondere derjenigen, die sich sozial, wirtschaftlich, rassisch, umständehalber oder in ihrer Beziehung in einer verletzlichen Position befinden – ist immer ein einfühlsames Zuhören, keine sich selbst entschuldigende Abwehrhaltung. Sie stellt Fragen und sagt: *Erzähl mir mehr! Hilf mir zu verstehen! Hilf mir zu sehen!* Dann schließen wir den Mund und hören zu.

2. Erheben Sie die Stimme! (Fürsprache)

Nachdem wir Mitgefühl gezeigt haben, verlangt Gottes Gerechtigkeit, dass wir Fürsprache halten. Wir ergreifen mutig das Wort für diejenigen, deren Stimme übertönt wurde. Sprüche 31,8-9 befiehlt uns:

Öffne deinen Mund für den Stummen, für den Rechtsanspruch aller Schwachen! Öffne deinen Mund, richte gerecht und schaffe Recht dem Elenden und Armen!

Wir müssen uns für das stumme Kind im Mutterleib, die stumme Frau, die in der zerstörerischen Geheimhaltung des Missbrauchs gefangen ist, und den stummen Nachbarn einsetzen, der ungerecht behandelt wird von denen, die ihre Autorität zu Unrecht ausüben.

In den letzten Jahren ist es in einigen Kreisen des westlichen Christentums theologisch in Mode gekommen, diejenigen, die sich für die horizontalen Dimensionen der Gerechtigkeit einsetzen, als „Kulturmarxisten" abzustempeln, als würde die Anerkennung von Begriffen wie Macht, Unterdrückung und Gleichbehandlung eher dem zersetzenden Atheismus von Karl Marx entstammen als der biblischen Predigt von Jesaja und den übrigen Propheten. Wenn das die Kritik ist, die Sie fürchten, denken Sie einfach daran, dass Ihr Auftrag lautet: „Lernt Gutes tun ... schafft Recht" (Jesaja 1,17), „Recht zu üben" (Micha 6,8), „Richtet das Recht auf im Tor" (Amos 5,15), „Schaffe Recht dem Elenden und Armen" (Sprüche 31,9) und heuchlerischer Parteilichkeit gegenüber den Reichen und Mächtigen entgegenzutreten (Jakobus 2,1-9. Dieser Auftrag wurde uns von Gott gegeben. Eine solche prophetische Fürsprache ist das Megafon Gottes, das von den Propheten der Vergangenheit benutzt wurde, um schlummernde Gewissen zu wecken. Es ist der Anker, der uns davor bewahrt, in ein Meer selbstverliebter Bequemlichkeit abzudriften. Sie ist der Kompass, der die Prioritäten der bereits in Christus Gerechtfertigten wieder auf das lenkt, was dem Gott der Gerechtigkeit am meisten am Herzen liegt.

3. Geben Sie Ihre Kraft! (Tatkraft)

Schließlich, und das ist sehr wichtig, verlangt Gottes Gerechtigkeit, dass wir sinnvolle und gerechte Maßnahmen ergreifen. Je nachdem, in welchem Kontext Sie leben, wird dies sehr unterschiedlich umgesetzt werden, aber übersehen Sie das Offensichtliche nicht! Der Prophet Micha macht deutlich, dass horizontale Gerechtigkeit nichts ist, worüber wir nur nachdenken, grübeln oder deren Fehlen wir beklagen sollen, sondern etwas, das wir tun. „Und was fordert der HERR von dir, als Recht zu üben" (6,8). Mit anderen Worten: Setzen Sie sich für ein gedeihliches Leben in all seinen Formen ein, überall dort, wo es nicht vorhanden ist! Geben Sie großzügig! Ziehen Sie unter Gebet in Betracht, ein Pflegekind anzunehmen oder ein Kind zu adoptieren! Recherchieren Sie und suchen Sie sich gesunde Organisationen in Ihrem Umfeld, mit denen Sie auf praktische Weise zusammenarbeiten können! Paulus instruiert Titus: „Lass aber auch die Unseren lernen, sich für die notwendigen Bedürfnisse um gute Werke zu bemühen, damit sie nicht unfruchtbar sind!" (Titus 3,14). Dr. Eric Mason erklärt dazu:

> *Paulus betrachtet die Befriedigung dringender Bedürfnisse als eine zentrale christliche Verpflichtung, nicht als eine nebensächliche. Wir ersetzen die Verkündigung nicht durch Handeln; und wir verkünden nicht nur und vernachlässigen dabei das Handeln. Wir verkünden und engagieren uns in einem Aktivismus, der sich aus dem Evangelium ergibt.*[47]

Die Gerechtfertigten sollen gerecht leben und die Gerechtigkeit lieben. Lassen Sie sich nicht von der Größe des Problems überwältigen oder davon entmutigen, dass Sie nicht alles lösen können!

Beginnen Sie stattdessen unter Gebet mit einem zerbrochenen Bereich in Ihrem Umfeld! Und geben Sie sich dort der Aufgabe hin, das Falsche mit der Kraft von Gott in Ordnung zu bringen!

Das geoffenbarte Königreich

> *Wenn wir uns den gegenwärtigen sozialen Bedingungen zuwenden, ist es nicht schwer zu erkennen, dass eine große Revolution im Gange ist. Viele Vernachlässigte stehen auf und fordern Anerkennung, Gerechtigkeit und Menschenrechte. Ein neuer Schrei ist heute zu hören. Der Schrei dringt nicht nur in die Hallen der Regierung, sondern hallt auch wie ein Wehklagen in unseren Gemeinden wider. Es ist der Schrei derer, die ein Gefühl des bitteren Unrechts und der sozialen Unzufriedenheit verspüren. So grob ihr Schrei auch sein mag, er ist berechtigt. Die Menschen erkennen, dass die Armen und Benachteiligten Männer und Frauen sind, die nach dem Ebenbild Gottes geschaffen wurden und daher einen Wert haben ... Die Gemeinde steht nicht kurz vor der Zerstörung. Sie steht kurz vor einer Erweckung. Wie der Tag, der kommt, wenn die lange Nacht vorüber ist, so kommt jede Erweckung nach Zeiten der Bedrängnis. Nichts auf der Welt ist so sicher wie dies. Die Frage ist nicht „ob", sondern „wann".*[48]

Die obigen Worte wurden 1909 von einem schottischen Autor namens James Burns geschrieben, dessen Buch als Klassiker der Erweckung gilt. Sie waren nie aktueller als heute. Neben den vielen anderen Elementen der Erweckung (wie Verkündigung des Evangeliums, Überführung von Sünden, Buße, Freude,

Offenheit, Demut usw.) nennt Burns ein erneuertes Verlangen nach Gerechtigkeit und die Verteidigung der *Imago Dei* als Anzeichen dafür, dass der Geist am Werk ist. Was, wenn Burns recht hatte? Was, wenn wir uns in unserer Zeit am Rande einer spirituellen Schallmauer befinden und die sozialen Erschütterungen um uns herum in Wirklichkeit das letzte Aufbäumen vor dem Überschallknall der Erweckung sind?

Deshalb bete ich Folgendes: Ich bete dafür, dass die Spannungen und der Druck, die wir im 21. Jahrhundert erleben, nicht das Ende sind, sondern der Vorabend einer großen Erneuerung. Ich bete dafür, dass wir auf die Schreie um uns herum mit einem erneuerten Engagement für Mitgefühl und Gerechtigkeit reagieren, weil Gott sich das von uns wünscht, und ich bete, dass er durch seinen Geist in unserem Land wirkt. Und mögen wir nicht den Mut verlieren. Denn wenn Jesus wiederkommt – und das wird er ganz sicher –, wird er den vollkommenen Frieden, die Gerechtigkeit und die Ganzheit mit sich bringen, nach denen die ganze Schöpfung seufzt. Er wird alle Zerstörung vernichten, alle Einsamkeit verbannen, alle Armut in den Bankrott treiben und den Tod ein für alle Mal begraben. Er wird die Werke seines Volkes vollenden und jedes Unrecht endgültig korrigieren. Und an jenem Tag werden wir sehen, dass das Reich Gottes tatsächlich gekommen ist, auf Erden wie im Himmel.

Doch bis zu diesem Tag können wir mit Gewissheit das tun, was er von uns will:

Und was fordert der HERR von dir, als Recht zu üben und Güte zu lieben und einsichtig zu gehen mit deinem Gott? (Micha 6,8)

Vertiefende Fragen und Anwendung

1. Wo in der Welt stellen Sie fest, dass die *Imago Dei* nicht berücksichtigt wird?

2. Inwiefern kann das Verständnis von der Haltung Jesu gegenüber den Ausgegrenzten Ihre eigene Haltung zu den Menschen am Rande Ihrer Gesellschaft erneuern?

3. Welche Bereiche gibt es in Ihrer Umgebung, in denen Ungerechtigkeit herrscht und in denen Sie anfangen können, Ihre Ohren, Ihre Stimme und Ihre Kraft einzusetzen?

11

Gott ist glücklich: Die Erfahrung der Begeisterung

„Ich sah klarer als je zuvor,
dass die erste große und wichtigste Aufgabe,
der ich jeden Tag nachgehen sollte, darin bestand,
meine Seele im Herrn glücklich zu machen.“
Georg Müller

Wenn Sie jemanden in einer Gemeinde bitten, so viele Eigenschaften Gottes aufzuzählen, wie er kann, stehen die Chancen gut, dass „Gott ist glücklich“ nicht unter den ersten zwölf ist, wenn es überhaupt auf der Liste steht. Wir erkennen leicht (und zu Recht), dass Gott *heilig* ist, dass Gott *Liebe* ist und dass Gott *souverän* ist. Aber für ein gesundes Glaubensleben ist es ebenso wichtig zu erkennen, dass Gott *glücklich* ist. Er hat uns also so geschaffen, dass unser Weg mit Jesus durch eine Welt voller Schmerz, Sünde und Leid gleichzeitig ein Weg ist, auf dem wir Freude, Vergnügen und Begeisterung erleben. Wenn wir für Gott geschaffen wurden, dann sind wir auch zur Freude geschaffen worden. Wie könnte es anders sein?

Denken Sie einmal darüber nach! Gott hat nicht nur das herrliche Grün und das leuchtende Blau von Orten wie der Schweiz oder Seattle im Sommer geschaffen; er hat uns auch Augen gegeben, um diese Farben zu genießen. Gott hat nicht nur Rhythmus, Melodie und Harmonie geschaffen, er hat uns auch Ohren gegeben, damit wir uns am Gesang erfreuen, und Stimmen, damit wir mitsingen können. Von dem glücklichen Gott kommt jede gute Gabe, die wir Menschen erleben (Jakobus 1,17). Schönheit und Komik, Freundschaft und Vertrauen, Spiel und Freude, Fröhlichkeit und Kichern, Adrenalinschübe und Ruhepausen, jeder köstliche Geschmack, jeder Duft und jedes Geräusch – all das ist zu unserem Vergnügen da, weil ein glücklicher Gott es so gewollt hat.

Warum ist es so wichtig, dass wir dies erkennen? Warum ist es für einen gesunden christlichen Glauben so wichtig, von der Freude Gottes überzeugt zu sein? Weil die Art und Weise, wie wir das Auftreten von jemandem wahrnehmen, bestimmt, wie wir dessen Worte hören. Nehmen wir zum Beispiel die Aussage „Komm her!". Ohne Kontext scheint sie eine recht einfache Bedeutung zu haben: Komm auf die Person zu, die spricht! Aber bedenken Sie, wie unterschiedlich diese einfache Aussage je nach Haltung des Sprechers interpretiert wird. Bei einem finsteren Blick und einer gerunzelten Stirn kann „Komm her!" eine Gewaltandrohung oder eine Abmahnung durch einen Vorgesetzten bedeuten. Wenn der Sprecher jedoch von einem Ohr zum anderen lächelt, können dieselben Worte der Ruf eines liebenden Elternteils sein, das sein Kind umarmen möchte, oder die intime Einladung eines Liebhabers.

Es ist von entscheidender Bedeutung, wie Sie sich Gott vorstellen, wenn er durch die Heilige Schrift zu Ihnen spricht. Es ist der Unterschied zwischen einem „Gott", der möchte, dass Sie Ihr Leben ändern, damit er es in Ihrer Nähe aushält, und einem Gott, der Sie umarmen möchte, damit Ihre Freude an ihm Ihr Leben zunehmend verändert. Es ist der Unterschied zwischen dem fauligen Gestank des Moralismus und dem duftenden Aroma des Evangeliums. Und dieses Evangelium ist das, was der Prophet Jesaja als „frohe Botschaft“ bezeichnet (Jesaja 52,7), denn es verkündet uns nicht die Werke, die wir tun müssen, um Gott glücklich zu machen, sondern es verkündet die Werke eines glücklichen Gottes in unserem Namen, damit die Seinen in ihm glücklich werden.

Ist Gott wirklich zufrieden?

Einige von uns sind sich da vielleicht nicht so sicher. Wir sind ein wenig misstrauisch gegenüber dem Wort „Glück“ als Beschreibung für Gott. Aber die Frage, die wir uns stellen wollen, lautet: „Wer oder was ist das Wesen des Glücks?“ Oder anders ausgedrückt: „Ist irgendjemand oder irgendetwas glücklicher als Gott?“

Der Gott, dem wir in der Heiligen Schrift begegnen, ist ein Gott, der sich, wie der Prophet Zephanja sagt, fröhlich und jubelnd über sein Volk freut (Zephanja 3,17). Jesus sagt uns in Lukas 15,10, dass „Freude vor den Engeln Gottes“ herrscht, wenn ein verirrter Sünder Buße tut und nach Hause kommt. In diesem Vers geht es nicht vorrangig um Engel, die sich freuen (obwohl ich sicher bin, dass sie das tun), sondern um die Freude dessen, der vor den Engeln ist. Und wer steht vor allen Engeln des Himmels? Es ist Gott selbst. Es ist Gott, der Vater, der am meisten feiert und sich am lautesten über die Erlösung freut! Gott ist viel glücklicher, als wir es uns je vorstellen können.

So hat der Gott der Bibel auch Freude an allem, was er geschaffen hat. Sprüche 8 gibt uns einen Blick hinter die Kulissen des ursprünglichen, rohen und unbearbeiteten Materials der Schöpfung, von dem wir in 1. Mose 1 lesen. Hier wird die Weisheit (je nach Übersetzung) als Werkmeister beschrieben und hat eine verblüffende Ähnlichkeit mit „dem Wort" in Johannes 1 – also mit Christus. Aber beachten Sie, wie Vater und Sohn das Schöpfungswerk angehen:

> *Da war ich [die Weisheit] Werkmeister bei ihm, war Tag für Tag seine Wonne und freute mich vor seinem Angesicht allezeit. (Sprüche 8,30-31; SLT)*

Sprüche 8 will uns das herrliche Glück des dreieinigen Gottes vor Augen führen, das sich ausbreitet und die Schönheit des Universums hervorbringt. Tatsächlich kann das Wort „sich freuen" in den obigen Versen auch mit „lachen, fröhlich sein, spielen" übersetzt werden. Was ändert das an der Art und Weise, wie wir 1. Mose 1 lesen? „Im Anfang schuf Gott den Himmel und die Erde" (1. Mose 1,1). Und während er das tat – als der Vater, der Sohn und der Geist alles, was ist, gestalteten und hervorriefen –, freute sich der dreieinige Gott.

Jesus ist der schönste Mensch im Universum

Viele von uns sind mit einem verzerrten Bild von Jesus aufgewachsen, das ihn darstellt als losgelöst von der Realität, in der wir Normalsterblichen leben; als einen unnahbaren Asketen, der ständig mit leichter Enttäuschung über seine Anhänger seufzt. Es stimmt, dass er in Jesaja 53,3 als „Mann der Schmerzen" bezeichnet wird. Aber wir müssen bedenken, dass sich Jesaja 53 ausdrücklich auf das Leiden des kommenden Messias für uns am Kreuz bezieht. Dieser Titel ist keine allgemeine Beschreibung seines Alltags, sondern eine spezifische Beschreibung seines *letzten* Tages. Jesus ist die Verkörperung des glücklichen Herzens Gottes. Wie John Piper schreibt:

> *Jesus Christus ist das glücklichste Wesen im Universum. Seine Freude ist größer als alle Freude der Engel im Himmel. Er spiegelt die unendliche, heilige, unbezwingbare Fröhlichkeit seines Vaters vollkommen wider.*[49]

Wenn Sie also, wie ich, mit dieser Vorstellung von einem Jesus aufgewachsen sind, der zwar heilig, aber nicht unbedingt glücklich war, dann möchte ich Sie davon überzeugen, dass das biblische Bild von Jesus – neben all seinen anderen Eigenschaften – auch sein Glück einschließt. Wenn Jesus ein vollkommener Mensch war, ist es dann nicht vernünftig anzunehmen, dass dazu auch ein vollkommenes menschliches Gefühlsleben gehörte – einschließlich Glück? Es ist bezeichnend, dass Jesus den Ruf hatte, „Fresser und Weinsäufer, ein Freund der Zöllner und Sünder" zu sein (Matthäus 11,19). Wenn Jesus ständig zu Festen, Hochzeiten und Feiern eingeladen wurde, lag das sicher nicht daran, dass er als Spielverderber bekannt war. Nein, es lag daran, dass wir in seiner Gegenwart das Leben so erleben konnten, wie wir es kennen sollten.

Und obwohl er auf einem judäischen Hügel unter der Last der Sünden der Welt in einer Weise gelitten hat, die wir niemals wirklich begreifen können, ist er drei Tage später glorreich aus dem Grab auferstanden und später zur Rechten des Vaters aufgefahren, in dieselbe Fülle des Lebens, die eines Tages auch für immer die unsere sein wird. In Psalm 16,11 (NeÜ) betet David:

Du zeigst mir den Weg, der zum Leben hinführt.
Und wo du bist, hört die Freude nie auf.
Aus deiner Hand kommt ewiges Glück.

Wo finden wir die maximale Kapazität an Freude? In der Gegenwart Gottes. Wo können wir die Freuden des Glücks finden, die nie versiegen werden? Bei Gottes rechter Hand. Es gibt hier eine wichtige Verbindung zwischen dem „ewigen Glück" zur Rechten Gottes und dem, was sich laut dem Neuen Testament genau dort befinden soll. Überlegen Sie mal: Was genau ist es, von dem uns immer wieder gesagt wird (Matthäus 26,64; Markus 14,62; Apostelgeschichte 2,33; 7,55; Römer 8,34; Kolosser 3,1; Hebräer 1,3; 8,1; 10,12; 12,2; 1. Petrus 3,22), dass es sich zur Rechten Gottes befindet? Was würden wir finden, wenn wir dieses „ewige Glück" entdecken würden? Die Antwort ist kein *Was,* sondern ein *Wer*. Es ist Jesus selbst, der zur Rechten des Vaters sitzt.

Dieser Jesus – der wunderbare, lebenserneuernde Freund von Sündern – lädt uns täglich ein, bei ihm zu wohnen. Uns an ihm zu erfreuen und von ihm geliebt zu werden, während wir mit ihm durch alle Segnungen und alle Niederlagen gehen, die uns widerfahren. Davon überzeugt zu sein, dass wir das Glück, nach dem wir uns am meisten sehnen, tatsächlich in diesem Leben erfahren können, auch wenn die Fülle des Glücks noch auf sich warten lässt. Ein Volk zu werden, das seine Freude nicht sabotiert, indem es sie an den Rand drängt, sondern sie festigt, indem es lernt, sich in jeder beliebigen Situation im Herrn zu freuen (Philipper 3,1).

Lernen, sich an jeder Jahreszeit zu erfreuen

Jeder Mensch auf der Welt strebt nach Glück, denn tief in uns wissen wir, dass Glück etwas ist, wofür wir geschaffen wurden; etwas, das wir einmal kannten und zu dem wir zurückkehren wollen. Aber unsere Bemühungen, dem Glück nachzujagen, schlagen fehl. Die westliche Kultur ist technologisch fortschrittlicher und sozial vernetzter als je zuvor in der Geschichte der Menschheit und gleichzeitig tragischerweise einsamer, ängstlicher und deprimierter als je zuvor. Unser Problem liegt nicht in der Sehnsucht nach Glück, sondern in den kaputten Orten, an denen wir es suchen. Wir versuchen, unseren Durst in schmutzigen Pfützen zu stillen, während Gott uns einlädt, aus dem Strom des Lebens zu trinken (Offenbarung 22,1).

Niemand wusste das besser als der Gemeindevater Augustinus von Hippo im 4. Jahrhundert (Hippo ist eine Stadt in Nordafrika). Augustinus war ein junger Mann mit supergenialen Neigungen, der den ersten Teil seines Lebens damit verbrachte, dem Glück an den üblichen Orten nachzujagen, die sinnliches Vergnügen versprechen. In seinen Memoiren *Bekenntnisse* gibt er zu, gebetet zu haben: „Gott, mach mich rein, aber noch nicht jetzt!“ Später wandte er sich bei seiner rastlosen Suche nach Befriedigung dem Wissen und der rigorosen Selbstdisziplin zu. Dann, mit Anfang 30, brach die Liebe Gottes in sein Herz, als er die Bibel eines Freundes las; ihm wurden die Augen geöffnet für den einzigen Ort, an dem dauerhafte Freude zu finden ist, und sein Herz wurde für Jesus lebendig. Er entdeckte, dass das Streben nach Gott und das Streben nach unvergänglichem Glück ein und dasselbe ist. Später schrieb Augustinus über seine Suche:

Es gibt eine Freude, die wahres Glück bringt, aber sie wird den Gottlosen nicht zuteil. Sie ist nur für diejenigen, die dich um deiner selbst willen lieben. Diese Freude besteht darin, dich zu so kennen, wie du bist. Das ist das glückliche Leben: sich in dir, an dir und für dich zu freuen.[50]

Manche Christen nehmen alles in ihrem Leben ernst, nur nicht ihre Freude. Was wäre, wenn wir Christen wirklich das freudige Herz Gottes begreifen und uns dazu entschließen würden, ein ganz und gar freudiges, jubelndes, feierndes Volk zu sein? Was wäre, wenn wir genauso nach echtem, tiefem und dauerhaftem Glück streben würden wie nach Heiligkeit?

Hat Sie dieser letzte Satz ein wenig erschreckt? Einige von uns haben schon Prediger gehört, die sagten: „Gott ist nicht an deinem Glück interessiert, sondern an deiner Heiligkeit." Doch trotz ihrer guten Absichten irren sich solche Prediger. Es sollte niemanden von uns überraschen, dass Gott die Fähigkeit hat, sich um mehrere Bereiche unseres Lebens zu kümmern. Die biblische Antwort auf die Frage, ob wir nach Heiligkeit oder nach Glück streben sollen, ist ein klares: „Beides!" Der Gott, der sowohl glücklich als auch heilig ist, fordert uns auf, uns zu freuen, und er fordert uns auf umzukehren. Denn was steht auf der anderen Seite einer echten Umkehr als eine erneute Freude und ein neues Glück über unser Heil? Haben wir vergessen, dass die Kinder Gottes, die über ihre Sünden trauern, auch deswegen tanzen dürfen, weil Christus vollständig und vollkommen über die Sünde gesiegt hat? Martyn Lloyd-Jones, ein berühmter britischer Pastor des 20. Jahrhunderts, schrieb über die frühe Gemeinde: „Was die antike Welt eroberte, war diese Freude, diese Fröhlichkeit, dieser Elan, diese unzerstörbare Qualität im

Leben dieser Menschen, und das ist das größte Bedürfnis in der heutigen Welt.“[51]

Wie wir die besten Menschen der Welt werden können

In seinem Brief an die Philipper spricht Paulus in vier kurzen Kapiteln wiederholt von der Freude. Am bemerkenswertesten dabei ist jedoch, dass sein Brief aus einer Gefängniszelle geschrieben wurde. Damit will Paulus uns zeigen, dass Freude und Leid keine Gegensätze sind und sich nicht gegenseitig ausschließen. Im normalen christlichen Leben gibt es diese beiden Realitäten oft gleichzeitig. Unsere Freude ist weder eine naive Verleugnung der Prüfungen des Lebens in einer zerbrochenen Welt noch ein Optimismus, bei dem das Glas halb voll ist. Wir können uns in unseren sich ständig verändernden Umständen nur dann freuen, wenn unsere Freude in unserem sich niemals verändernden Erlöser begründet ist, der gelebt hat, gestorben und wiederauferstanden ist, um uns ewiges Leben zu geben. Kein Wunder, dass Paulus befiehlt: „Freut euch im Herrn allezeit! Wiederum will ich sagen: Freut euch!“ (Philipper 4,4). Kein Wunder, dass er schreiben kann, dass wir oft „Traurige, aber allezeit uns freuend“ sind (2. Korinther 6,10). Kein Wunder, dass Christen durch die Jahrhunderte hindurch dem Tod ins Auge sehen und dennoch singen konnten.

So können wir wirklich die glücklichsten Menschen der Welt werden: Wir geben das Streben nach Glück, wie es der Rest der Welt definiert, auf. Wir hören auf, uns auf die Schatten zu fokussieren, und konzentrieren uns auf die Realität. Wir richten unseren

Blick auf etwas noch Höheres und unseren Appetit auf etwas unendlich Befriedigenderes. Wie Augustinus müssen wir unser Herz auf nichts Geringeres als das Glück in Gott selbst ausrichten.

Sie sind dazu geschaffen, sich in erster Linie an Gott – der Quelle allen Glücks – zu erfreuen, der Ihnen gute Gaben schenkt, die Sie als Überfluss seines eigenen frohen und großzügigen Wesens genießen können. Wenn Sie die größere Freude entdecken, die sich einstellt, wenn Sie Ihre „Lust am HERRN" haben (Psalm 37,4), werden Sie in der Lage sein, alle oder keine der anderen Freuden dieser Welt auf eine Art und Weise zu empfangen, die sie weder vergöttert noch verachtet noch über ihr Fehlen in einer bestimmten Zeit Ihres Lebens verzweifelt.

Wie können wir glückliche Christen werden? Vielleicht sollten wir uns eine Scheibe von Georg Müller abschneiden und lernen, unsere Herzen „glücklich im Herrn" zu machen. Müller gründete im 19. Jahrhundert mehrere Waisenhäuser und Dutzende von Schulen; zu jeder Zeit kümmerte er sich um über 1000 Waisenkinder. Doch dies war seine tägliche Disziplin: „Das erste große und wichtigste Geschäft", dem sich Müller jeden Morgen widmete, war es, „seine Seele durch die Betrachtung von Gottes Wort in einen glücklichen Zustand zu versetzen".[52] Was wäre, wenn Sie dasselbe täten? Was wäre, wenn Sie sich weigerten, morgens Ihre Bibel zu schließen, ohne einen Grund zur Freude zu finden? Was wäre, wenn Sie sich in der Kunst üben würden, sich an jedem seiner Geschenke zu erfreuen – an der Schöpfung, an der Freundschaft, an der Schönheit, am Geschmack oder an tausend anderen Dingen –, sodass Dankbarkeit so normal wird wie ein weiterer Atemzug?

Die Botschaft des Christentums lautet nicht: „Sucht nicht nach dem Glück!" Die Botschaft, die aus den Tiefen des Evangeliums erklingt, lautet, dass Sie in der Person Jesu, in der Weisheit Jesu und auf dem Weg mit Jesus das Glück entdecken werden, nach dem sich Ihr Herz am meisten sehnt. „Möge man von uns sagen“, schließt Randy Alcorn, „dass wir aufgrund des glücklichen Gottes, den wir kennen, des Jesus, den wir lieben, des Evangeliums, das wir annehmen, und des Schatzes, den wir gerne teilen, wirklich die glücklichsten Menschen der Welt sind.“[53]

Vertiefende Fragen und Anwendung

1. Inwiefern verändert das Verständnis des Glücks Gottes die Art und Weise, wie Sie sich ihm nähern?

2. Was geschieht, wenn wir unsere Freude in erster Linie an Gottes guten Gaben festmachen, aber nicht an ihm als dem Geber? Wie macht es uns frei, seine Gaben mit echtem Glück zu empfangen, wenn wir uns zuerst an Gott erfreuen?

3. Inwiefern könnten Sie Georg Müllers Rat praktisch befolgen und Ihr Herz diese Woche „glücklich im Herrn“ machen?

12

Gott ist siegreich: Die Erfahrung der Hoffnung

Zeitungsreporter: „Sir, ich habe gehört, dass Sie kürzlich Christ geworden sind. Darf ich Ihnen eine Frage stellen?"
G. K. Chesterton: „Sicher."
Zeitungsreporter: „Wenn der auferstandene Christus in diesem Moment plötzlich auftauchen und hinter Ihnen stehen würde, was würden Sie tun?"
G. K. Chesterton [sieht ihm direkt in die Augen]: „Er steht dort."

Acht Monate im Jahr schaue ich gerne NBA-Basketball. Meine Frau ist in der *San-Francisco-Bay-Area* aufgewachsen, also sind wir natürlich eine *Golden-State-Warriors*-Familie. In einem Jahr fiel das entscheidende Spiel der Playoffs auf einen Sonntag während eines Gottesdienstes. Mein Plan war also, nicht ins Internet zu gehen, während ich den ganzen Tag unterrichtete, und das Spiel später am Abend mit Kristina zu gucken. Doch dann überraschte mich ein Mann, der vor Kurzem Jesus kennengelernt hatte und in unserer Gemeinde getauft worden war – nennen wir ihn „D'Arcy" (denn so heißt er) –, nach dem Gottesdienst mit den Worten: „Hey Bruder, hast du den Sieg der *Warriors* heute gesehen?! Dieser Steph Curry war richtig gut!"

Ich verzog das Gesicht. Seine Augen wurden groß. Und als ihm das Ausmaß seines Verbrechens dämmerte, hielten wir beide unter dem traurigen Gewicht des Augenblicks inne, während D'Arcy leise flüsterte: „Oh nein ..." Mit der Hilfe Jesu und einer umfassenden Therapie konnte ich D'Arcy an diesem Tag vergeben. Aber später am Abend, als ich das Spiel mit Kristina verfolgte (die nicht wusste, dass ich das Ergebnis kannte), erfuhr ich etwas Tiefgreifendes. Während unsere Mannschaft im letzten Viertel mit zehn Punkten zurücklag, während Kristina sich die Nägel abkaute und in den letzten Minuten des Spiels eine emotionale Achterbahnfahrt der Spannung erlebte, blieb mein Herz vollkommen ruhig. Denn wenn man weiß, wie das Spiel ausgeht, spielt es keine Rolle, was die Anzeigetafel zwei Minuten vor Schluss anzeigt.

Und wenn man weiß, wie Gottes Geschichte endet, verändert das die Art und Weise, wie wir unser aktuelles Kapitel darin leben. Auf den Seiten unserer Bibel hat Gott uns gnädigerweise eine Vorschau auf den endgültigen Ausgang aller Dinge gegeben. Der Autor, der die Geschichte schreibt, hat einen so fesselnden Schluss versprochen, eine so kraftvolle Auflösung, ein Finale, das in seiner Erlösung so großartig und weitreichend ist, dass wir am letzten Tag der Geschichte, wie wir sie kennen, erleben werden, dass sich „alles Traurige als falsch" (J. R. R. Tolkien) herausstellt.

Gott ist unbesiegt, Gott ist unbesiegbar

Gott ist siegreich. Dies zu sagen bedeutet, das logische Ergebnis aller Eigenschaften zu bekennen, die wir bisher untersucht haben. Er kann nicht verlieren; er ist unbesiegt und unbesiegbar. Der siegreiche Gott kann und wird in keinem einzigen seiner Vorhaben versagen. Sollte sich das gesamte geschaffene Universum mit all seiner kollektiven Wut gegen ihn auflehnen, wäre das nicht mehr als eine Armee von Schmetterlingen, die gegen die Sonne Krieg führt. Es wäre ein unfairer Wettkampf. Die große

Geschichte der Menschheit wird genau so enden, wie Gott es beabsichtigt hat, und er wird von den Seinen für immer und ewig verherrlicht und angebetet werden und sich daran erfreuen. Und in der Zwischenzeit haben wir das, was Petrus eine „lebendige Hoffnung" auf den Charakter unseres Gottes und die Gewissheit seiner Verheißungen nennt (1Petr 1,3).

Wir sehen eine solche Hoffnung im Leben des Apostels Paulus verkörpert. In den letzten Tagen seines Lebens schrieb er in 2. Timotheus 4,16-18:

> *Bei meiner ersten Verteidigung stand mir niemand bei, sondern alle verließen mich; es werde ihnen nicht zugerechnet. Der Herr aber stand mir bei und stärkte mich, damit durch mich die Predigt vollbracht wurde und alle die aus den Nationen hörten; und ich bin gerettet worden aus dem Rachen des Löwen. Der Herr wird mich retten von jedem bösen Werk und mich in sein himmlisches Reich hineinretten. Ihm sei die Herrlichkeit von Ewigkeit zu Ewigkeit! Amen.*

Paulus schreibt (wieder einmal) aus einem römischen Gefängnis, nur Wochen oder wenige Monate davon entfernt, dass ihm der Kopf abgeschlagen wird. Doch hören wir die zuversichtliche Hoffnung in seinem Ton: „Der Herr wird mich retten ... und mich in sein himmlisches Reich hineinretten" (V. 18). Paulus wusste nicht, wie die genauen Umstände seiner eigenen Geschichte enden würden; aber er wusste, wie die Geschichte Gottes enden würde. Seine Hoffnung lag nicht auf seiner physischen Befreiung, sondern auf dem Gott der Befreiung, der seine Absichten in Paulus' Leben und auch in Paulus' Tod sicher verwirklichen würde. Und wenn wir ebenfalls davon überzeugt sind, dass Gott unbesiegbar ist – wenn wir uns sicher sind, dass die Geschichte genau so enden wird, wie Gott es angekündigt hat –, dann können auch wir mit lebendiger Hoffnung auf unseren lebendigen Erlöser weitermachen. In Christus haben Sie eine Zukunft, die Ihnen nichts in dieser Welt geben kann und die Ihnen nichts in dieser Welt nehmen kann. Der Tod kann Sie nicht einmal ankratzen. Denn wenn Sie in Christus leben, ist Ihre Zukunft das ewige Leben. Ihre Zukunft ist die Auferstehung.

Jesus ist auferstanden, Jesus kehrt zurück

Warum wurde Paulus nicht vom Tod heimgesucht? Woher nahm er die Kraft, zu bekennen: „Das Leben ist für mich Christus und das Sterben Gewinn" (Philipper 1,21)? Hier: in der unumstößlichen Überzeugung, dass Jesus auferstanden ist. Wie er an eine andere Gemeinde schrieb: „Wenn aber Christus nicht auferweckt ist, so ist euer Glaube nichtig, so seid ihr noch in euren Sünden" (1. Korinther 15,17). Angesichts der Worte, des Lebens und des Todes Jesu ist die wichtigste Frage, die wir uns stellen können: Ist er wirklich von den Toten auferstanden, wie er es vorausgesagt hat?

Wenn es keine Auferstehung gab, dann wurde die Zahlung, die Jesus als Opfer für unsere Sünden geleistet hat, abgelehnt.

Wenn es keine Auferstehung gab, dann wurde die ganze Bibel von Lügnern oder Verrückten geschrieben.

Wenn es keine Auferstehung gab, dann gibt es auch keine Hoffnung.

Doch das leere Grab, das von ausgebildeten Soldaten bewacht wurde, bezeugt, dass Christus als Sieger auferstanden ist (Matthäus 27,62–28,15).

Und Hunderte von Augenzeugen – darunter auch seine eigenen Brüder – bezeugen, dass Christus als Sieger auferstanden ist (1. Korinther 15,5-8).

Auch das explosionsartige Wachstum der Gemeinde am Ort seiner Kreuzigung bezeugt, dass Christus auferstanden ist (Apostelgeschichte 2,41-47). Es gab weder einen Generationenwechsel, bei dem sich Mythen entwickeln konnten, noch einen Umzug in eine neue Stadt, bei dem sich Lügen einschleichen konnten. Die einzige brauchbare Erklärung dafür, dass Tausende und Abertausende von Menschen in derselben Stadt, in der die Ereignisse stattgefunden hatten, Anhänger eines gekreuzigten Erlösers wurden – und das unter der Gefahr der Verfolgung –, ist die Auferstehung.

Und die Verwandlung von Saulus, einem Christenverfolger, zu Paulus, einen Anführer der Christen – der bereit war, Jesus durch Schläge, Schiffbrüche, Gefängnis und schließlich seinen eigenen Märtyrertod hindurch zu folgen –, kann nur durch die Wahrheit erklärt werden, dass Christus tatsächlich als Sieger auferstanden ist. Denn auf einer staubigen Straße in Richtung Damaskus wurde Paulus von dem auferstandenen und siegreichen Jesus eingeholt. Danach war er nie wieder derselbe. Die Auferstehung verändert alles, und alles im Christentum hängt von der Auferstehung ab.

Sind wir wirklich so überrascht? Jesus selbst hat lange vor dem ersten Osterwochenende Zeugnis von seinem eigenen Sieg abgegeben. In Johannes 11,25-26, unmittelbar bevor er den seit drei Tagen toten Lazarus aus seinem Grab auferweckte, sagte Jesus:

Ich bin die Auferstehung und das Leben; wer an mich glaubt, wird leben, auch wenn er gestorben ist.

Jesus ist auferstanden, deshalb ist die Auferstehung das A und O des christlichen Glaubens. In dem Moment, in dem Jesus die Augen wieder öffnete und den ersten Atemzug nach der Auferstehung tat, bekam der Tod einen Vorgeschmack auf sich selbst. In der Sekunde, in der Jesus aus dem Grab auferstand, bestätigte er jeden seiner Ansprüche, Gott zu sein. Seine Verheißungen sind wahr. Sein Sieg ist unumkehrbar. Seine Auferstehung verwandelt für alle, die ihr Leben in seine Hände legen, den Tod von einem Sensenmann in einen Segensbringer. Ist es da ein Wunder, dass Christen mehr als alle anderen ein Volk der Hoffnung sind? Das neue Leben, das wir bei der Erlösung von unserem auferstandenen Erlöser durch die regenerierende Kraft des Heiligen Geistes empfangen, ist der Grund, warum Paulus sagt, dass wir jetzt „Erben nach der Hoffnung des ewigen Lebens“ sind (Titus 3,7).

Doch unser Erlöser ist nicht nur im Triumph auferstanden, er hat auch versprochen wiederzukommen. Es gibt einen Tag auf Gottes Kalender in unserer gemeinsamen Zukunft, an dem Jesus tatsächlich den Himmel zerreißen und wie angekündigt in Herrlichkeit zurückkehren wird. Er wird als der einzig wahre König der Könige und Herr der Herren kommen, mit Feuer in den Augen und Kronen auf dem Haupt, und er wird den letzten Schlag gegen alles Böse führen, allein durch ein Wort aus seinem Mund (Offenbarung 19,11-16). Von diesem Augenblick an bis in die Ewigkeit hinein wird niemand mehr infrage stellen, wer der unbestrittene Herrscher des Universums ist. An jenem Tag wird jeder auf die Knie fallen, und jede Zunge wird seine Herrlichkeit bekennen (Philipper 2,10-11). Aber jetzt gerade, zwischen dem *Halleluja!* („Lobt Gott“) der Auferstehung Christi und dem *Maranatha!* („Unser Herr, komm!“) seiner verheißenen Wiederkunft, lernen wir, in geduldiger Hoffnung zu warten.

Leben zwischen „schon" und „noch nicht"

Wesentlich für einen gesunden christlichen Glauben ist das Verständnis der Spannung zwischen dem, was Theologen das „schon" und das „noch nicht" nennen. In Jesus ist das Reich Gottes gekommen, aber es wird auch noch kommen. Der Himmel ist durch den Schoß einer Jungfrau auf die Erde gekommen, aber wir sehen den Himmel auf der Erde, so wie er in Offenbarung 21 beschrieben wird, noch nicht. Wenn Petrus sagt, dass wir „zu einer lebendigen Hoffnung durch die Auferstehung Jesu Christi aus den Toten" (1. Petrus 1,3) wiedergeboren sind, dann impliziert dieses Wort „Hoffnung" die Existenz von etwas, das ersehnt wird, aber noch nicht da ist.

Deshalb ist die als „Wohlstandsevangelium" bekannte Irrlehre so zerstörerisch; sie verspricht den Christen die Gesamtheit ihres Erbes in Christus schon jetzt und übersieht dabei, dass dieses herrliche Erbe „in den Himmeln aufbewahrt ist für euch, die ihr in der Kraft Gottes durch Glauben bewahrt werdet zur Rettung, die bereitsteht, in der letzten Zeit offenbart zu werden" (1. Petrus 1,4-5). Millionen von Menschen auf der ganzen Welt wird regelmäßig die Lüge verkauft, dass weltlicher Reichtum oder Erfolg garantiert sei, wenn man nur fest genug daran glaubt; und die unweigerlich folgende, niederschmetternde Enttäuschung, wenn er sich nicht einstellt, zerstört die biblische Vorstellung von Gottes Treue.

Denn Gott hat seinen Kindern niemals ewigen Wohlstand in dieser Zeit versprochen. Im Gegenteil, Jesus hat uns Schwierigkeiten in dieser Welt angekündigt, obwohl er die Welt überwunden hat (Johannes 16,33). Die Prüfungen in diesem Leben sind Teil des Plans. Wir sollten uns also nicht wundern, wenn das Leid vor unserer Tür auftaucht wie ein unwillkommener feindlicher Soldat, der sich bei uns einquartiert (1. Petrus 1,6-7; 4,12-13). Das ist die Realität des Lebens im „Schon-jetzt-aber-noch-Nicht".

Im Moment bekommen wir eine Vorschau, nicht den ganzen Film.

Im Moment bekommen wir einen Vorgeschmack, nicht das ewige Festmahl.

Im Moment haben wir, die wir den Geist empfangen haben, Anteil an dem kosmischen Seufzen der Schöpfung, die sich nach ihrer vollständigen und endgültigen Befreiung vom Fluch der Sünde sehnt.

Es gibt viele geistliche Realitäten, die nur dann einen Sinn ergeben, wenn man sie durch diese wichtige biblische Linse des „Schon-jetzt-aber-noch-Nicht" betrachtet. So sind wir einerseits bereits in Gottes Familie aufgenommen (Römer 8,15), andererseits haben wir aber noch nicht die ganze Fülle der Kindschaft erhalten, da wir noch „sehnsüchtig das Offenbarwerden unserer Kindschaft" (Römer 8,23; NeÜ) erwarten. Familien, die ein Pflegekind schließlich adoptieren wollen, kennen diese Spannung sehr gut, da sie auf die endgültige gerichtliche Genehmigung für ein Kind warten, das bereits Teil ihrer Familie ist. In gleicher Weise werden wir in Christus Teil von Gottes Familie, aber die volle Erfahrung dieser wunderbaren Realität wird sich erst einstellen, wenn wir endlich für immer bei ihm zu Hause sind. In der Spannung zwischen gegebenen und erfüllten Verheißungen zu leben ist normaler christlicher Glaube.

Mit Hoffnung warten

Paulus fährt in Römer 8 fort, die Spannung unserer Realität, die einerseits schon da ist, aber andererseits auch noch nicht, auf unsere Erfahrung der Hoffnung anzuwenden. Er erinnert uns daran, dass die Hoffnung in den Bereich der Zukunft gehört. In den Versen 24-25 schreibt er:

> *Denn auf Hoffnung hin sind wir gerettet worden. Eine Hoffnung aber, die gesehen wird, ist keine Hoffnung. Denn wer hofft, was er sieht? Wenn wir aber das hoffen, was wir nicht sehen, so warten wir mit Ausharren.*

Unser deutsches Wort „Hoffnung" ist zugegebenermaßen ein ziemlich schwaches Wort. Meist verwenden wir es im Zusammenhang mit dem Wunsch, dass etwas geschieht, von dem wir nicht völlig überzeugt sind. Wir *hoffen,* dass unser Leben nach Plan verläuft, aber wir wissen, dass das Leben auch mal böse Stolperfallen bereithält. Wir *hoffen,* dass wir nicht krank werden, aber es gibt keine Garantie dafür. Doch biblisch gesehen geht Hoffnung viel tiefer als gute Laune oder nervöser Optimismus. Biblische Hoffnung ist eine zuversichtliche Erwartung, die sich auf den Charakter und die Verheißungen Gottes gründet. Unsere *Hoffnung* ist *lebendig,* weil wir einen *lebendigen Retter* haben.

Wie die Momente, bevor man mit einem geliebten Menschen wieder vereint ist.

Wie ein Lied, kurz bevor die Musik aussetzt.

Kurz vor dem Sonnenaufgang.

Wir wissen genau, was auf uns zukommt, denn wir haben einen Blick auf die letzte Seite von Gottes großer Geschichte geworfen.

Ich erinnere mich, dass ich einmal jemanden gehört habe, der es so formulierte: Stellen Sie sich vor, Sie befinden sich auf einem Schlachtfeld, und es gibt einen letzten Hügel zu erobern. Es wird hart gekämpft, der Feind kämpft verbissen, und es fließt viel Blut. Plötzlich kommt eine Meldung über Funk: Langstreckenraketen mit hoher Treffsicherheit wurden gestartet und werden in acht Minuten jeden noch so kleinen Rest des letzten feindlichen Hügels vor Ihnen vernichten. Was haben Sie jetzt? Sie haben Hoffnung, eine zuversichtliche Erwartung. Sie wissen genau, was auf Sie zukommt. Und obwohl der Kampf noch acht Minuten weitergeht, obwohl Sie noch acht Minuten lang schier endlose Sekunden erleben, wissen Sie, dass die letzte Schlacht gewonnen ist. Es kann sein, dass Sie dabei noch eine Kugel abbekommen, aber der Sieg ist Ihnen sicher. Es ist nur noch eine Frage der Zeit. So fühlt es sich an, wenn man mit einer lebendigen Hoffnung lebt.

Unsere Hoffnung ist ein Helm, der unseren Geist vor der Sorge um unsere Zukunft schützt (1. Thessalonicher 5,8). Unsere Hoffnung ist ein Nordstern, der in der schwärzesten Nacht mit leuchtender Helligkeit leuchtet. Unsere Hoffnung ist ein Sonnenaufgang, der am Morgen die Dunkelheit vertreibt. Unsere Hoffnung ist, um es mit den Worten des Theologen Michael Bird zu sagen, die passende Währung auf unserer Reise durch das Land der Melancholie.[54] Und zwar deshalb, weil unsere Hoffnung in Jesus, dem Auferstandenen, verankert ist. Er ist das Licht, das von der Finsternis nicht überwunden werden konnte (Johannes 1,4-5); er ist die Stimme, die Tod und Verzweiflung vertreibt; er ist die Verheißung Gottes an uns in der Gegenwart, die alle Lügen Satans über unsere Zukunft zunichtemacht.

Wir können deshalb Mut fassen, weil unsere Hoffnung nicht in uns selbst liegt, sondern in einem Gott, der sich auf die

Auferstehung spezialisiert hat. Und er möchte, dass wir uns daran erinnern, dass die Auferstehung Jesu nicht nur kosmische Auswirkungen auf die verherrlichte Zukunft hat, die sein Volk mit der gesamten Schöpfung teilen wird (Römer 8,19-22), sondern auch persönliche Auswirkungen, die uns inmitten unserer heutigen Kämpfe Kraft geben werden.

Zehn Milliarden Jahre von jetzt an …

Denken Sie mit mir an einen ganz bestimmten Moment in Ihrer fernen Zukunft! Denken Sie an Ihr zehnmilliardstes Jubiläum in der Herrlichkeit! Da stehen Sie bei Jesus und sehen ihm direkt in die Augen, nicht mehr „mittels eines Spiegels undeutlich", sondern „von Angesicht zu Angesicht" (1. Korinther 13,12). In diesem zukünftigen Moment werden Sie so viel Zuneigung von ihm und so viel Herrlichkeit in ihm erleben, beides so überwältigend, dass Sie bei dem Versuch, sich an den schlimmsten Moment Ihres kurzen irdischen Daseins oder die schwierigste Situation im Dienst für Jesus zu erinnern, sagen werden: „Ich weiß nicht einmal, wie ich die beiden vergleichen soll!"

Sie werden in der ersehnten Ruhe der neuen Schöpfung sein, wo Gott bei seinem Volk wohnen wird (Offenbarung 21,1-5). Sie werden in der erfahrbaren Wirklichkeit des auferstandenen Königs stehen, der jede Träne von Ihren Augen abwischen wird und wo der Tod „nicht mehr sein [wird], noch Trauer noch Geschrei noch Schmerz wird mehr sein; denn das Erste ist vergangen" (V. 4). Und dort, in der Fülle des Auferstehungslebens, die niemals abnehmen wird, wird es keinen Krebs und keine Depressionen mehr geben, keine Notaufnahmen und

Kinderkrankenhäuser, keine Sondereinsatzkommandos und Sicherheitsschleusen, keine Kriege und Beerdigungen, keinen Hass und keine Sünde. Unser treuer Gott verkündet Ihnen – siegreich auf seinem Thron sitzend – jetzt mit Gewissheit aus Ihrer endgültigen Zukunft: „Siehe, ich mache alles neu" (V. 5). Mit dieser herrlichen Verheißung können die kampf- und lebensmüden Menschen Mut schöpfen. Es wird ein Tag kommen, an dem alles Schmerzhafte in den Hintergrund tritt und unendliche Schönheit und Neuheit vor uns liegen. Es kommt ein Tag von solch siegreicher Endgültigkeit, dass die schlimmsten Ihrer Sünden und Leiden so wenig Macht über Ihre ewige Freude haben werden wie ein böser Traum, den Sie als Fünfjähriger hatten, heute noch Macht über Sie hat. In der neuen Schöpfung wird es keinen einzigen Menschen geben, der sich jemals fragen wird: „War es das alles wirklich wert?"

Im Lichte des Sieges Christi können wir den kommenden Tagen mit Zuversicht entgegensehen. Wir kennen zwar nicht den genauen Weg, aber wir kennen den Wegweiser und die Verheißungen dessen, was er für uns vorbereitet hat. Und es ist herrlicher, als wir es uns je vorstellen können. Es wird der Tag kommen, an dem unser Evangelium nicht mehr nur eine Nachricht ist, die wir verkünden, sondern ein Lied, das wir singen, und eine Geschichte, die wir nacherzählen. So stolpern wir weiter, denn wir wissen, wie diese Geschichte endet. In Anbetracht dessen, wer Gott ist und was er für uns errungen hat, sollten wir jeden Preis, den wir jetzt noch bezahlen müssen, gerne in Kauf nehmen. Schneller als wir denken, wird die Zeit vergehen und die letzte Seite umgeschlagen werden. Schneller als wir denken, werden wir von der Herrlichkeit umarmt werden. Schneller als wir denken, werden wir ihn von Angesicht zu Angesicht sehen. Und wir werden uns am Anfang der wahren Geschichte wiederfinden, wie die Kinder in den Romanen von C. S. Lewis:

> *Ihr ganzes Leben in dieser Welt und all ihre Abenteuer in Narnia waren nur der Umschlag und die Titelseite gewesen; nun endlich fingen sie mit dem ersten Kapitel der großen Geschichte an, die noch niemand auf der Erde gelesen hat; die immer weiter und weiter geht; in der auf jedes Kapitel immer noch ein besseres folgt.*[55]

In Christus sind Sie auf dem besten Weg dorthin. Und wenn Gott nicht verlieren kann, dann können Sie das auch nicht.

Vertiefende Fragen und Anwendung

1. Worin unterscheidet sich die christliche Hoffnung angesichts der Auferstehung Jesu aus dem Grab von bloßem Optimismus oder Wunschdenken?

2. Inwiefern verändert das Wissen, dass Gott nicht verlieren kann, die Art und Weise, wie Sie mit Spannungen und Enttäuschungen umgehen?

3. Denken Sie an einen Moment mit Jesus in zehn Milliarden Jahren in der Zukunft. Wie kann dieser zukünftige Abschluss mit ihm Sie dazu befähigen, mit zuversichtlicher Erwartung in der Gegenwart Ihres Lebens zu leben?

Schlussfolgerung

Reformation und Wiederbelebung

„Es kann keine echte Erweckung geben,
wenn es keine Reformation gegeben hat,
und Reformation ist unvollständig ohne Erweckung.
Mögen wir diejenigen sein, die die Realität von beidem kennen.“
Francis Schaeffer

Richtig denken und tief fühlen. Mein Ziel in diesem Buch war es, uns zu helfen, beides zu tun; ein biblisches Bild von Gott zu zeichnen, das uns die Herzen öffnet und uns singen lässt. Ihn so zu zeigen, wie er ist, damit wir ihn so genießen können, wie er es sich wünscht. Ich bin davon überzeugt: Gott will nicht, dass wir uns mit einer theologischen Präzision über ihn zufriedengeben, die einer kontinuierlichen, erlebten Erfahrung mit ihm entbehrt. Das richtige Denken ist unser Ofen, die richtige Erfahrung ist die Flamme. Warum sollten wir etwas anderes anstreben als einen christlichen Glauben, der sowohl von biblischem Denken als auch von geistlicher Intensität geprägt ist? Blaise Pascal, einer der geistigen Giganten der letzten 1000 Jahre, wusste, dass beides möglich ist. Als berühmter Philosoph, Mathematiker und Physiker waren Pascal tiefe Gedanken über Gott und die Welt, in der er lebte, nicht fremd. Aber auch die Gegenwart Gottes war ihm nicht fremd. Nach seinem Tod entdeckte man einen Tagebuchabschnitt über eine Erfahrung, die er mit Gott gemacht hatte, eingenäht in seinen Lieblingsmantel. Dieses Erlebnis war ihm so wichtig, dass er die Beschreibung dieses Erlebnisses buchstäblich am Körper trug, um sich täglich daran zu erinnern, wie schön es ist, Gott in seiner Nähe zu wissen. Dieses französische Supergenie hatte Folgendes aufgeschrieben:

> *Im Jahr der Gnade 1654, Montag, 23. November, dem Tag des Heiligen Clemens ... Von etwa halb elf Uhr abends bis etwa eine halbe Stunde nach Mitternacht: FEUER! Der Gott Abrahams, der Gott Isaaks, der Gott Jakobs, nicht der Philosophen und der Gelehrten. Gewissheit. Freude. Gewissheit. Ergriffenheit. Anblick. Freude. Vergessenheit der Welt und alles außerhalb Gottes. Man findet ihn nur auf den Wegen, die das Evangelium lehrt. Erhabenheit der menschlichen Seele. Gerechter Vater, die Welt hat dich nicht erkannt, aber ich habe dich erkannt. Freude! Freude! Freude! Tränen der Freude.*

Und so geht die Notiz weiter und weiter. Ein übernatürlicher, erfahrungsorientierter, vom Geist geleiteter christlicher Glaube und ein studierter, intellektueller, von der Bibel durchdrungener Glaube müssen nicht im Widerspruch zueinander stehen. Ich würde sogar noch weiter gehen: Sie *dürfen* es nicht.

Mehr als je zuvor brauchen wir das, was der Autor Richard Lovelace als „geistbefähigtes biblisches Denken“ bezeichnet.[56] Die Art von christlichem Glauben, der sich weder mit lebloser Rechtgläubigkeit noch mit lebendiger Torheit zufriedengibt. Deshalb kehre ich ein letztes Mal zu einigen Fragen zurück, die ich ganz am Anfang gestellt habe. Was wäre, wenn wir Christen des 21. Jahrhunderts für einen Glauben bekannt wären, der ebenso intelligent wie leidenschaftlich ist? Was wäre, wenn tiefe

Gedanken über Gott und tiefe Gotteserfahrungen zur Norm für unseren Gottesdienst in jedem Bereich unseres Lebens würden? Oder um es noch deutlicher zu formulieren: Was wäre, wenn wir den Rest unseres Lebens dem Streben nach Reformation und Erweckung widmen würden?

Es vergeht kaum ein Tag, an dem mich die Worte von Francis Schaeffer, die am Anfang dieses Kapitels stehen, nicht in bester Absicht verfolgen. Ich wünsche mir das so sehr: Reformation und Erweckung. Reine Lehre und ein vom Geist erfülltes Leben. Schaeffer erinnert uns daran, dass die Konzepte der Reformation und der Erweckung keine Feinde sind, die im Gegensatz zueinander stehen, sondern Freunde, die in einer heiligen, das Leben wiederherstellenden Einheit zusammenwohnen. In seinen eigenen Worten schreibt er:

> *Die Reformation spricht von einer Wiederherstellung der reinen Lehre, von einer Wiederbelebung der Wiederherstellung im Leben des Christen. Die Reformation spricht von einer Rückkehr zu den Lehren der Heiligen Schrift, von einer Wiederbelebung eines Lebens, das in die richtige Beziehung zum Heiligen Geist gebracht wird.*[57]

Der Punkt ist: Wir sollten nie das eine gegen das andere ausspielen. Wir brauchen immer beides. In der Tat ist es unser heiliges Privileg, unser Leben damit zu verbringen, beides zu suchen. Sehnen Sie sich danach? Sehnen Sie sich nach *ihm?* In Anbetracht dessen, wer dieser Gott ist – auf diesen Seiten haben wir gerade einmal an der Oberfläche gekratzt –, möchte ich Sie einladen, sich mit mir auf den Weg einer lebendigen Theologie zu begeben. Ich möchte, dass Sie dieses Buch zuklappen und sich verpflichten, immer wieder neu auf Gott zu schauen – durch die Höhen und Tiefen des Lebens hindurch, die unweigerlich auf Sie zukommen –, bis Ihr Herz lernt, in jeder Situation zu singen. Ich möchte, dass Sie hartnäckig beschließen, sich nie wieder nur mit dem richtigen Denken ODER dem richtigen Fühlen zufriedenzugeben. Jesus ruft uns auf, ihm in eine leidenschaftliche Rechtgläubigkeit zu folgen, die ihn wahrhaftig sieht und sich täglich an ihm erfreut. Dieses Buch begann mit einem Vorwort von einem meiner Freunde und Helden, Ray Ortlund. Und es scheint angemessen, ihm die letzte Ermahnung zu überlassen, während wir uns nach alldem ausstrecken, was Gott für uns wünscht:

> *Gott ist es, der in unseren Herzen die Sehnsucht nach ihm weckt ... und diese Sehnsucht, die er in dir weckt, ist das Wichtigste an dir. Sie ist der Schlüssel zu deiner Zukunft. Schüre diese Flamme und lass sie niemals erlöschen.*[58]

Danksagung

Es gibt so viele, denen ich für die Art und Weise, wie sie mein Leben und damit auch die Worte dieses Buches geprägt haben, zu Dank verpflichtet bin. Aber besonders dankbar bin ich den folgenden Menschen, die mir geholfen haben, dieses Werk zu verfassen:

Danke, Gott, für die Erfindung des Kaffees! Ich weiß, wie viele Autoren vergessen, dieses Geschenk zu würdigen.

Tony Merida, ich mache Dich dafür verantwortlich, dass Du mich durch Deine ständige und großzügige Ermutigung dazu gebracht hast, die schriftstellerische Seite meines Dienstes ernster zu nehmen. Ich danke Dir, Bruder.

Alex Early, für Dich gilt das Gleiche. Danke auch dafür, dass Du mir gesagt hast, dass meine erste Titelidee nerdig und dumm war (was auch stimmte). Deine Freundschaft, Dein Vorbild und Deine ansteckende Liebe zu Jesus stecken in diesen Seiten.

Rachel Jones (und *The Good Book Company)* für ihre geduldigen, gründlichen und aufschlussreichen Korrekturen, die die Botschaft, die wir den Lesern vermitteln wollen, noch schärfer machen.

Tearna Reid, die mir eine großartige Assistentin ist; Du gibst der Verrücktheit einen Zusammenhalt und bringst die verschiedenen Bereiche meines Lebens – einschließlich dieses Buches – in einen lebbaren Rhythmus.

Ray Ortlund, Dein Einfluss ist unermesslich; ich bin Dir unendlich dankbar für Deine Weisheit, Deine Freundschaft, Deine Freundlichkeit und Dein Vorbild sowie für Dein brillantes Vorwort!

Laura Haas, Arnaldo Santiago und Léonce Crump für ihr erfrischend ehrliches Feedback zu verschiedenen Kapiteln und Ideen in den frühen Phasen des Schreibens.

Den Menschen der *Liberti*-Gemeinde für das Vorrecht, euer Pastor zu sein und euch die Bibel zu lehren; ich liebe so sehr, was Gott in den letzten (fast) sieben Jahren in uns gewirkt hat.

Brad und Hilary Ramsey, meinen Eltern, dafür, dass sie mir schon in den ersten Jahren meines Lebens den Hunger nach Büchern eingeflößt und dass sie unsere Familie so selbstlos geliebt haben.

Und danke vor allem meiner Frau Kristina: Deine Stimme und Dein Einfluss sind auf diesen Seiten stärker zu spüren, als Du denkst. Ich schätze die Nächte, in denen wir gemeinsam Entwürfe gelesen haben, Deine brillanten Korrekturen und Verbesserungen, zusammen mit unserem gelegentlichen Grammatikstreit. Und auch wenn wir vielleicht nie derselben Meinung sein werden, was den (offensichtlichen) Nutzen des Gedankenstrichs angeht – dieser glorreichen, ideenverschmelzenden Erfindung aus der Welt der Zeichensetzung – bin ich vor allem für Dich dankbar, meine Liebe.

Gott gebührt alle Ehre.

Quellenangaben

1 Brennan Manning, *Abba's Child: The Cry of the Heart for Intimate Belonging* (Navpress, 2015), S. 155.

2 Aiden Wilson Tozer, *The Knowledge of the Holy* (Authentic Media, 2016), S. 1.

3 Jen Wilkin, *Women of the Word: How to Study the Bible with our Hearts and our Minds* (Crossway, 2014), S. 31.

4 C. S. Lewis, Der silberne Sessel (Ueberreuter, 2019), S. 22–23.

5 Aiden Wilson Tozer, *Das Wesen Gottes* (EBTC, 2021), hier übersetzt nach: *The Knowledge of the Holy* (Authentic Media, 2008), S. 91.

6 Eugene Peterson, *Nimm und iss ...* (Neufeld, 2014), hier übersetzt nach: *Eat This Book: A Conversation in the Art of Spiritual Reading* (Hodder & Stoughton, 2006), S. 69.

7 Corrie ten Boom, *Die Zuflucht* (SCM Hänssler, 2015), hier übersetzt nach: *The Hiding Place* (Hodder & Stoughton, 2001), S. 194-195.

8 Ich hörte diese Zusammenfassung dieser Geschichte von Ray Ortlund in einer Predigt über Psalm 23, https://www.immanuelnashville.com/resources/multimedia/details?id=1657308 (Zugriff am 7. Mai 2020).

9 Arthur W. Pink, *The Attributes of God* (Baker Book Company, 2008), S. 41.

10 James D. Bratt (Hrsg.), *Abraham Kuyper: A Centennial Reader* (Eerdmans, 1998), S. 488.

11 John Piper, John G. Paton: *You Will Be Eaten by Cannibals!* (Desiring God Foundation, 2012), S. 22.

12 C. S. Lewis. *Pardon, ich bin Christ*, Brunnen Verlag Basel, 1998.

13 Dane Ortlund, *Edwards on the Christian Life: Alive to the Beauty of God* (Crossway, 2014), S. 72.

14 J. W. Bready, *England: Before and After Wesley* (Hodder & Stoughton, 1939), S. 229.

15 J. I. Packer & Carolyn Nystrom, *Praying: Finding our Way Through Duty to Delight* (Intervarsity Press, 2006), S. 175.

16 Francis Schaeffer, *The Complete Works of Francis Schaeffer*: Band 3 (Crossway Books, 1982), S. 44.

17 Aiden Wilson Tozer, *Das Wesen Gottes* (EBTC, 2021), hier übersetzt nach: *The Knowledge of the Holy* (Authentic Media, 2008), S. 97.

18 Sam Storms, „The Omnipresence of God", https://www. samstorms.org/all-articles/post/the-omnipresence-of-god/ (Zugriff am 11. Juli 2020).

19 Scott Sauls, Jesus Outside the Lines (Tyndale House Publishers, 2015), S. 101.

20 J. D. Greear, Gospel: *Recovering the Power That Made Christianity Revolutionary* (B&H Publishing, 2011), S. 56.

21 Dane Ortlund, *Gütig und sanft: Wie Sünder und Leidtragende das Herz Christi erfahren* (3L, 2021), hier übersetzt nach: *Gentle and Lowly: The Heart of Christ for Sinners and Sufferers* (Crossway, 2020), S. 83.

22 Ray Ortlund, „Suffer and Rejoice: Start Now to Finish Well in Ministry", https://www.thegospelcoalition.org/ conference_media/suffer-rejoice-start-now-finish-well-ministry/ (Zugriff am 18. Juni 2020).

23 Alex Early, *The Reckless Love of God: Experiencing the Personal, Passionate Heart of the Gospel* (Bethany House, 2015), S. 66.

24 Jen Wilkin, *In His Image: 10 Ways God Calls us to Reflect His Character* (Crossway, 2018), S. 48.

25 Brennan Manning, *Verwegenes Vertrauen: Ergreifen, was Gott uns schenkt* (Brockhaus, 2002), hier übersetzt nach: *Ruthless Trust: The Ragamuffin's Path to God* (HarperCollins, 2000), S. 178.

26 Vom Autor aufgezeichnete Notizen während einer Sitzung auf der Acts29-Klausurtagung für Pastoren in Long Beach, Kalifornien (26. Juli 2016).

27 Shel Silverstein, *Der Baum, der froh und glücklich war* (Atrium, 2019), hier übersetzt nach: *The Giving Tree* (HarperCollins, 1964).

28 C. S. Lewis, *C. S. Lewis – ein Leben in Briefen* (adeo, 2021), hier übersetzt nach: *The Collected Letters of C. S. Lewis,* Band 3 (HarperCollins, 2007), S. 119.

29 Reynolds Price, *Letter to a Man in the Fire* (Scribner, 1999), S 54.

30 Timothy Keller, *Jesus: seine Geschichte – unsere Geschichte* (Brunnen, 2019), hier übersetzt nach: *King's Cross* (Hodder & Stoughton, 2011), S. 9.

31 Frederick Lehman, https://hymnary.org/text/the_love_of_god_is_greater_far (Zugriff am 20. Juli 2020).

32 Roger E. Olsen, https://www.patheos.com/blogs/ rogereolson/2013/01/did-karl-barth-really-say-jesus-loves-me-this-i-know/ (Zugriff am 20. Juli 2020).

33 D. M. Lloyd-Jones, *Romans: An Exposition of Chapters 7.1-8.4* (Edinburgh, 1973), S. 61.

34 Jen Wilkin, *None Like Him: 10 Ways God is Different From Us (and Why That's a Good Thing)* (Crossway, 2016), S. 71.

35 C. S. Lewis, Deins, Jack: *Spiritual Direction from C. S. Lewis* (HarperCollins, 2008), S. 97–98.

36 Alan Kreider, *The Patient Ferment of the Early Church: The Improbable Rise of Christianity in the Roman Empire* (Baker Academic, 2016), S. 1.

37 Tertullian, „Apologeticum", in Ante-Nicene Christian Library, Bd. 11, The Writings of Tertullian: Volume I, übers. von Alexander Roberts und James Donaldson (T. & T. Clark, 1869), S. 119.

38 Victor Hugo, *Die Elenden* (apebook 2022), hier übersetzt nach: *Les Misérables: Band 1* (Collins Clear Type Press, 1920), S. 57–88.

39 Aiden Wilson Tozer, *Das Wesen Gottes* (EBTC, 2021), hier übersetzt nach: *The Knowledge of the Holy* (Authentic Media, 2008), S. 117.

40 Scott Sauls, *A Gentle Answer: Our ‚Secret Weapon' in an Age of Us Against Them* (Thomas Nelson, 2020), S. 18.

41 Richard Sibbes, *The Bruised Reed and Smoking Flax* (Banner of Truth, 1998), S. 13.

42 Dane Ortlund, *Edwards on the Christian Life: Alive to the Beauty of God* (Crossway, 2014), S. 91.

43 Herman Bavinck, *Reformed Dogmatics: God and Creation, Volume 2* (Baker Academic, 2004), S. 222-224.

44 Fleming Rutledge, *The Crucifixion: Understanding the Death of Jesus Christ* (Eerdmans, 2015), S. 130.

45 Scott Sauls, *Jesus Outside the Lines: A Way Forward for Those Who Are Tired of Taking Sides* (Tyndale House, 2015), S. 111.

46 Scott Sauls, https://scottsauls.com/blog/2020/06/06/i-thought-i-was-opposing-racism/, (Zugriff am 28. Juni 2020).

47 Eric Mason, *Woke Church: An Urgent Call for Christians in America to Confront Racism and Injustice* (Moody Publishers, 2018), S. 32.

48 James Burns, *The Laws of Revival* (Calvary Chapel Philadelphia, 2013), S. 71–72.

49 John Piper, *Seeing and Savoring Jesus Christ* (Crossway, 2006), S. 36.

50 Augustinus, *Bekenntnisse – Die Weisheit des großen Kirchenvaters* (Anaconda, 2023), hier übersetzt nach: *The Confessions of St Augustine* (Spire Books, 2008), S. 161.

51 Martyn Lloyd-Jones, *Apostelgeschichte* (3L), hier übersetzt nach: *Authentic Christianity: Studies in the Book of Acts,* Band 1(Crossway, 2000), S. 177.

52 Georg Müller, https://www.georgemuller.org/devotional/the-first-great-and-primary-business (Zugriff am 29. Januar 2021).

53 Alcorn, *Does God Want Us to Be Happy? The Case for Biblical Happiness* (Tyndale Momentum, 2019), S. 168.

54 Michael Bird, Romans: *The Story of God Bible Commentary* (HarperCollins, 2016), S. 288.

55 C. S. Lewis, *Prinz Kaspian von Narnia* (Ueberreuter, 2019), S. 175

56 Richard Lovelace, *Dynamics of Spiritual Life: An Evangelical Theology of Renewal* (Paternoster Press, 1979), S. 281.

57 Francis Schaeffer, *Jeder ist von Bedeutung: 16 Predigten für d. 20. Jh.* (Hänssler, 1984), hier übersetzt nach: No Little People (Crossway, 2003), S. 74.

58 Raymond C. Ortlund Jr., *Jesaja: Gott rettet Sünder* (Crossway, 2012), S. 147.

Bruce Baker
Weiter wachsen
Auf dem Weg zu geistlicher Reife

Pb, 384 S., 13,5 x 20,5 cm
Best.-Nr. 271653
ISBN 978-3-86353-653-4

Wie kann ich als Christ im Glauben wachsen und reifen? Wie Gottes Ruhe erleben, auch wenn die äußeren Umstände turbulent sind? Und ist geistliche Reife überhaupt optional?

Bruce Baker setzt sich intensiv mit dem auseinander, was die Bibel zu diesem Thema zu sagen hat, und macht Mut, sich auf diese spannende Reise in Richtung geistlicher Reife zu begeben. Dabei schreibt er auf Augenhöhe, humorvoll und doch tiefgehend und immer voller Ehrfurcht vor Gott und seinem Wort.

Jedes Kapitel beginnt mit einem Bild und einem Zitat aus „Alice im Wunderland“, die das jeweilige Thema perfekt veranschaulichen, und endet mit Diskussionsfragen, sodass das Buch gut in Kleingruppen durchgearbeitet werden kann. Ergänzt wird das Ganze durch eine fiktive Geschichte, die die erläuterten Prinzipien in Aktion zeigt.

Herausfordernd, einladend, motivierend!

Richard P. Moore
Entwurzelt
Aktuelle christliche Irrtümer

Pb., 208 S., 13,5 x 20,5 cm
Best.-Nr. 271108
ISBN 978-3-86353-108-9

Haben wir einen Anspruch darauf, dass Gott alle Krankheiten heilt? War Jesus, als er auf der Erde lebte, noch Gott oder nur Mensch? Offenbart sich Gott ständig neu?

Solchen Fragen geht Richard P. Moore nach. Er stellt zweifelhafte Lehren vor, die auch zunehmend evangelikale Gemeinden erreichen, und vergleicht sie mit der Bibel – ohne Polemik, sachlich und klar. Dabei stellt er fest: Vieles, was vordergründig geistlich klingt, weicht tatsächlich das Fundament des Glaubens auf und führt vom Evangelium weg.

Moore analysiert u. a. Lehren der auch in Deutschland populären Bethel Church und der „Neuen Apostolischen Reformation", der am schnellsten wachsenden nicht katholischen Bewegung der Welt.

Dieses Buch will helfen, zwischen biblischer Wahrheit und entwurzelter oder falscher Theologie zu unterscheiden.

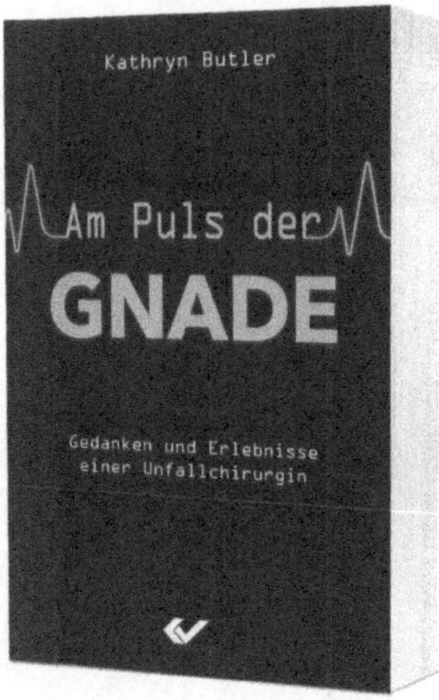

Kathryn Butler
Am Puls der Gnade
Gedanken und Erlebnisse einer Unfallchirurgin

Pb., 240 S., 13,5 x 20,5 cm
Best.-Nr. 271753
ISBN 978-3-86353-753-1

Wer schon einmal im Krankenhaus war, weiß, dass dies ein Ort des Kampfes und der Entbehrungen ist. Diese Nöte beschränken sich nicht nur auf körperliche Probleme: Wenn unser Körper leidet, kann auch unser geistliches Leben darunter leiden.

Die Unfallchirurgin Dr. Kathryn Butler hat dies aus erster Hand erfahren, als sie Patienten, Kollegen und Freunde durch verschiedene Krankheiten und schmerzhafte Verluste begleitete. In *Am Puls der Gnade* schöpft Butler aus dieser Erfahrung, um Gläubige durch die schwerwiegenden Fragen nach der Vertrauenswürdigkeit Gottes mitten im Leid zu führen. In einer Mischung aus Biografie und Andachtstexten verwebt Butler ihre eigenen Geschichten der Gnade mit Erzählungen aus der Heiligen Schrift, um zu zeigen, dass Gottes unerschütterliche Liebe auch in Zeiten großer Bedrängnis Bestand hat.